あの日の決断 2

岩手の経営者たち

岩手日報社

佐々木政治 さん／エイワ

コバリオンの塊を採寸する佐々木政治さん。オリジナル製品を追い求め、異分野だった合金製造を始めた＝釜石市甲子町

高橋悦見さん／セントラル

セントラル創業者の高橋悦見さん（中央）。45 年余の経営者人生を糧に、会社の生き残りとさらなる成長へ闘志を燃やす＝奥州市胆沢南都田

辺龍雄さん／中原商店

冷麺を盛り付ける辺龍雄さん。レストラン経営は30年を超え、全国に知られる「盛岡冷麺」の名店の一つを築いた＝盛岡市稲荷町

太野由佳子さん／クロス・クローバー・ジャパン

猫の気持ちを知ろうと、人間用に作った介護用具を首に巻く太野由佳子さん。
商品開発は、猫の健康にとことんこだわる＝盛岡市菜園

小笠原弘明さん／小専商店

長男の東さんと笑顔を浮かべる小笠原弘明さん（右）。「お客さんの得になることを提供し続ける」。親子は口をそろえる＝西和賀町湯本

十文字保雄さん／十文字チキンカンパニー

「赤字を経験し、現場に力を出してもらうため何をすべきかを考えた」と語る十文字保雄さん＝二戸市石切所

桜糀哲也さん／姫園芸

「警察の取り調べを受けて反骨心が湧き、事業を拡張した」と語る桜糀哲也さん＝雫石町長山

工藤宏太さん／岩泉純木家具

大切に集めた板材を前に、工藤宏太さんは「台風後も千枚ぐらいは残った。これで頑張って作っていくしかない」と語る＝岩泉町二升石

西国泰行さん／総合リサイクルショップ再販

「南仙北のような大きな中古品店は県内になかったので、お客さんがかなり増えて経営が良くなった」と語る西国泰行さん＝盛岡市

小笠原ひとみ さん／北三陸天然市場

小笠原ひとみさんが産学官連携で商品化した「潮騒の一夜干し」。年間４千万円を売り上げる看板商品に育った＝久慈市長内町

目次

CONTENTS

本書は2018年4月にスタートした岩手日報連載企画「あの日の決断　岩手の経営者たち」に加筆修正し、書籍としてまとめたものです。本文の肩書き、年齢等は原則、掲載当時のままとし、表記については「記者ハンドブック　新聞用字用語集第13版」（共同通信社）に則っています。

どんな注文にも応じる自信があるから、
基本的に仕事は断らない

佐々木政治さん／エイワ（釜石市）

釜石市平田の繊維強化プラスチック（ＦＲＰ）成形・加工のエイワは、本県の産学官が生み出した新しいコバルト合金「コバリオン」の唯一の製造企業。創業者で現会長の佐々木政治《まさはる》さん(76)が、オリジナル製品の開発を目指し、畑違いの分野から参入した。技術習得や用途の開拓に苦労しながら、金属事業を「ＦＲＰ製造」「建設（建築、防水、塗装）」に並ぶ収益の柱に育てようと奮闘。失敗しても向上心を忘れず、チャレンジを続けた佐々木さんの起業家としての歩みと、決断を追う。

【２０１９年2月6～10日掲載】

期待の新合金「コバリオン」

硬くて摩耗しにくく、さびにくい。コバリオンの特長はいくつかあるが、注目されたのが、金属アレルギーの原因になるニッケルの量だった。

従来のコバルト合金が含有量1％以下に対し、コバリオンはその100分の1の0・01％。アレルギーを起こさないことで人工股関節など、体内に埋め込む医療機器への活用が見込まれた。

開発者は、東北大金属材料研究所の千葉晶彦教授（61）。岩手大在職時に研究を始め、釜石市での講演を機に2001年度以降、県や同市、地元企業を巻き込みながら、後にコバリオンと命名される新合金の事業化を目指していた。

佐々木政治さんにとって、金属事業は未知の世界だった。

本業は、工場用タンクなど繊維強化プラスチック（FRP）の成形・加工と防水工事。

当初関心はなかったが、04年度に事業化研究会への参加を決めた。

会社の将来不安と、一つの渇望が、新合金を強く意識するきっかけになった。

「国内のFRP市場が縮小してきていたし、安い東南アジアや中国製品の流入による採算性の悪化もあった」。経営安定のために力を入れていたのが、オリジナル製品の獲得だった。

FRPの残材で作った魚礁や身障者用の風呂、漁業用の箱眼鏡—。佐々木さんは本業に励む傍ら、補助金を活用し自社にしかできない製品開発に躍起になった。生ごみ処理機のように商品化した物もあったが、生産は長続きしなかった。

金属事業部に配備されている600トンプレス機（右手前）と100キロ真空溶解炉（左奥）。コバリオンの製造に欠かせない設備となっている＝釜石市甲子町

新合金の魅力は医療との結び付きだった。「医療分野は不況に強いし、FRPより市場も広いはず。経験や勘頼みじゃなく、千葉先生の研究に基づいて化学的に作れば、自分たちでもやれると思った」

製造は市内の別会社が担うとみられていたが、設備投資の負担などから撤退。最終的に立候補したのは、佐々木さん一人だった。

「行政も応援すると言うし、俺は考えが浅いからやっただけ」。そう自嘲する佐々木さんに、千葉教授は「危ない橋を渡りたくない人が多い中、佐々木さんはハイリスクを承知で手を挙げてくれた。あの決断がなければ、コバリオンは研究だけで終わっていたかもしれない」と述懐する。

07年4月、エイワは新合金の唯一の製造企業に決定。約2億円を投じて専用工場を造り、12年には人工股関節の材料として大手医療機器メーカーに待望の初出荷を果たした。ただ、事業はもくろみ通りにいかず、試行錯誤は続いた。

実用化へのハードル

佐々木さんは、社員を新合金の開発拠点だった釜石市片岸町の釜石・大槌地域産業育成センター「生体材料研究室」に出向させ、技術の取り込みを急いだ。

目指したのは、人工股関節の材料開発。ＪＩＳ規格の適合を求められたが、合金製造はゼロからの取り組みで、社員は未熟だった。

中古や小型という設備面の弱さもあり、作業ははかどらない。「微妙な温度管理ができず目標の性質を持った合金がなかなかできなかった」

それでも２０１０年３月、佐々木さんは社内に金属事業部を立ち上げ、同市甲子町に新工場を整備した。研究室から真空溶解炉などを移設するとともに、加熱炉やプレス機を新設。程なくＪＩＳ規格をクリアし、２年後には人工股関節用の材料としてメーカーに初出荷した。

この間、事業の存亡を左右する出来事があった。11年3月の東日本大震災。研究室は津波で全壊した。

産業育成センターの小笠原順一専務理事（59）は「研究室には高額な設備があった。エイワが新工場に移していなければ、釜石での新合金のプロジェクトはなくなっていただろう。佐々木さんは運が強い」と語る。

新合金はメーカー初納品を前に「コバリオン」と名付けられた。人工関節向けのコバルト合金市場をほぼ独占する海外メーカー産に比べてアレルギーの原因金属が大幅に少ない、安全な国産材料の産業化に、関係者の期待は膨らんだ。

コバリオンは人工関節や歯科矯正用ワイヤー、時計、指輪、印鑑などさまざまな用途で活用（試作含む）されている

現実は甘くなかった。そもそもメーカーへの納品は試作用。実用化へのハードルは高かった。

佐々木さんの次男で、金属事業部を統括する常務の雄大《たけひろ》さん（47）は「一番のネックは価格。うちは設備的に生産量が少ない。大量生産で、材料も安く調達できる海外メーカーを相手にするのは厳しい」。病院や医師と医療機器メーカーが密接に結び付く医療業界の特殊性も、〝見えない〟参入障壁になった。

脊椎内固定器具などを含め、最も期待された医科向けで苦戦するコバリオン。歯科矯正用ワイヤーや義歯、樹脂成形用のスクリュー、腕時計「G—SHOCK」のリング（ベゼル）、アイルランド伝統工芸品「クラダリング」など用途は徐々に広がるが、出荷量は年2・0〜2・5トンほど。現在でも金属事業を黒字にできずにいる。

金属材料は、普及までに早くて10年かかるという。佐々木さんは「（事業の安定性や市場規模は）見通しが違っていた」と認めながら「設備投資をして技術を高めれば、販路は広がる。役所の熱が冷めてきた感じがするが、こちらからけつをたたくつもりでやっていく」。伸びしろを信じ、前に進む。

佐々木さんは35歳で起業した。「サラリーマンは合わなかった」。繊維強化プラスチック（FRP）に、なりわいを求めた。

建築資材の営業マン

佐々木政治さんは漁師町の釜石市唐丹町花露辺《けろべ》で生まれ育った。5人きょうだいの末っ子。父親はイワシなどを取る定置網を営んでいた。

「盆暮れになると、家に借金取りが来るのが嫌で仕方がなかった。漁業は危険だし、羽振りがいい時と悪い時の差が激しい」。子ども心に、漁師にはなりたくないと思った。

父に代わり、年の離れた長兄や叔父たちが生活を支えてくれた。手に職を付けようと、地元の釜石工高へ進んだ。魚を取るのは嫌だったが、船には興味があった。卒業すると、神奈川県内の船舶エンジンの製造工場に就職した。

入社して2年半から3年ほどした頃、待遇の改善を求め会社と衝突。それまでトラブルはなかったが、友人と一緒に辞め

エイワの唐丹工場。本社機能が移った後も、創業地ではＦＲＰ製品（手前）の生産が続いている＝釜石市唐丹町

た。次の仕事は決めていなかった。

「世渡り下手で、おべっかが使えない。サラリーマンは向かないと思った」。自分の性格を自覚し、独立への気持ちが芽生えた。

20代半ばまで、運送会社に勤めながら東京で暮らした。その間に、親戚で高校時代から付き合っていた静江さんと結婚。今はエイワの社長を務める、長男の強《つよし》さんを授かった。

釜石に戻り、家の事情でイカ釣りや養殖などをしたが、はなから漁師に興味はなく、数年でやめて市内の建設会社で働いた。運送業で独立を考えたが、資金面などから難しかった。

サラリーマン生活の最後になったのは、市内の建築資材の卸会社。役目は営業だった。漁師は嫌でも根は〝浜の男〟。負けず嫌いで、人一倍働くことは苦にならなかった。

「ボイラーや温水器の故障があれば、休みの日も夜も関係なく行って直した」。信頼や信用が、次の指名（仕事）につながることを感じた。繊維強化プラスチック（ＦＲＰ）を知ったのは、そんな頃だった。

勤務する卸会社は、FRP製品を作っていた市内の有力企業と取引があった。「船の材料としてFRPが一気に広まっていた。大きな設備がいらないから、これならできると思った」

1978（昭和53）年、親戚に30万円を借り、湾を見下ろす同市唐丹町の高台に、中古のプレハブ工場を建てた。従業員は静江さんを含めて5人ほど。有力企業からの発注を頼りに、起業家として船出した。

独立したものの、下請けの厳しさを味わった。平成に入ると間もなく、最大の経営危機に見舞われた。

カセイ破綻乗り越える

1990年3月、新日鉄釜石の関連企業カセイが事実上の倒産—。釜石市の経済界に激震が走った。

社長が商工会議所会頭も務めていた地元有力企業の破綻に、佐々木政治さんは青ざめた。同社にとってカセイは、仕事のほとんどを依存する〝命綱〟だった。

佐々木さんは78年に繊維強化プラスチック（FRP）事業で独立して以来、カセイから漁船用の部材製造の仕事を回してもらい、生計を立てていた。

「資金的に厳しい時に応援してくれた」と感謝。一方、カセイ以外の仕事をやるのは、下請けの身分では難しかった。

カセイ危機の頃、エイワは船以外にも下水処理場のふたや、養殖用タンクなどの部材も手掛けるようになっていた。従業員は20人ほどに増え、本社だった同市唐丹町の工場も新しく整備したばかりだった。

破綻で仕事はほぼゼロに。年間の売上高1億円足らずの会社が、手形絡みで5千万円の支払い義務を背負い込んだ。連鎖倒産の恐怖が現実味を帯び、「一番苦しかった」。佐々木さんは、仕事と資金繰りに飛び回った。下請け企業で事業組合をつくる計画を進めたが、各社や銀行の思惑が入り乱れ、頓挫した。

救いの一つが、カセイでFRP部門の課長を務めていた佐野貢司さん（66）＝エイワ専務＝との縁だった。

佐野さんはカセイ時代、都内の複数のFRP商社と付き合いがあった。佐々木さんは佐野さんをエイワに招き、カセイが担っていた仕事を自分らが引き継ぐことで、受注確保につなげた。

佐野さんは「他からも誘われたが、（佐々木）会長に手伝ってほしいと言われ、『この人なら』と入社を決めた。タイミングも良かった」と30年前の記憶をたどる。

大ざっぱに見える佐々木さんだが、数字の面は至って堅実。当時は3カ月分の運転資金を準備していたことが、金融機関の信用につながったという。

何より「兄貴やいとこ親戚が、経済的に援助してくれたおかげ。迷惑は掛けられないと思ったから、一生懸命頑張って働いた」。

エイワはその後、ＦＲＰ製品について利益率の低い船の部材から手を引き、取引規模の大きいプラント用タンクなどに転換。現在も受注の柱となっている。

佐々木さんは、自社のＦＲＰ技術を「５段階の（最上位の）５」と胸を張る。ＦＲＰ事業の足場を固めながら、安定を求め、防水・建築事業に参入した。

ＦＲＰ製タンクの製造現場。樹脂を含ませたガラス繊維を、円筒形の型に何層にも巻いて造る＝釜石市平田・エイワ本社工場

〝稼ぎ頭〟の建設部門

最大で高さ約12メートル、容量約100立方メートル――。エイワの本社工場に、大きな円筒形タンクが並ぶ。繊維強化プラスチック（FRP）で作られた、水や薬液をためるプラント用のタンクだ。

佐々木政治さんは「図面があれば、（ガラス樹脂を積層する前の）型から作れる。どんな注文にも応じる自信があるから、基本的に仕事は断らない」と言い切る。

2000年に本社工場（当初は第2工場）を建設し、FRPの製造拠点を2カ所に増強した。製造に携わる社員の多くは1級技能士。自身は30年以上前に技能士になり、長く現場で汗を流した。

社名を地名が入る唐丹エフ・アール・ピーからエイワに変更したのも、社業の拡大を期したからこそ。ハード、ソフトの両面で会社の信用を高める策を尽くし、FRP部門の売上高は今、4億円を超える。

同時に、危機感はずっと持ってきた。「FRP製品は企業にとって設備に当たり、景気に左右される。リーマン・ショックの時は、3億円近い仕事が中国の工場に流れた」。事実、東日本大震災の前は、売り上げが落ちていた。

エイワの事業は3部門あるが、〝稼ぎ頭〟はFRP製造でも、コバリオンなどの合金製造でもない。震災後に大きく伸びた建築工事などの建設部門（18年5月期の売上高6億円強）だ。

「昔から建築に関心があった」と語る佐々木さん。2級建築士の資格も持っていたが、震災前まではFRPの技術も生かせる防水工事が主体で、建築は手つかずだった。

同社は震災で目立った被害を免れた。復興需要に対応しようと1級建築士を採用。公共施設の建築を主体に参入するようになった。

最近では本社近くの岩手大釜石キャンパスの増築を、元請け工事では過去最高額の約2億4千万円で受注。着実に実績を増やしている。

「売り上げを伸ばし、経営を楽にしたい」。発想はシンプルだが、復興需要が終息に向かう中、「防水を仙台でやりたい。建築は競争というより、他の業者とうまく連携して進めた方がいい」と理解。生き残りを懸け、冷静に次の一手を考えている。

「俺を超えてほしい」。佐々木さんは事業開始から丸40年がたった2018年7月、社長を長男の強さんに（51）引き継いだ。

プラント用タンクが並ぶエイワ本社工場。内部に配管や浄化装置などが取り付けられる物もある＝釜石市平田

感覚から理論の経営へ

エイワはこの10年、新しいコバルト合金「コバリオン」の製造企業として脚光を浴びてきた。医療機器への活用が思うように進まなかった一方、佐々木政治さんにとって歓迎すべき社内外の変化もあった。

一つは、金属事業のレベルアップだ。コバリオンで培った技術を生かし、ニッケルや鉄、ステンレス主体など、さまざまな組成の合金製造が可能に。溶解、鍛造、圧延という一連の設備がそろうのを武器に、少量、多品種のオーダーに応じて販路を広げようとしている。

周囲の評価や、企業風土にもプラスになった。「役所や金融機関からの信用が高まったと思う。経営革新計画への取り組みなど、社内で計画的に物事を進めるスタイルが生まれてきた」

創業から40年が過ぎた。今は家にいるが、仕事場でも多くの時間を共に過ごしてきたのが妻の静江さん（77）だった。工場作業に始まり、長く事務全般を担いながら、子育て、夫の世話にいそしんだ。

「大変だったと思う。おっかーがいなければ、（経営は）できなかった」。べらんめえな語り口で亭主関白がにじむ佐々木さんだが、静江さんへの思いは素直で、まっすぐだ。

衆目一致のワンマン経営だったが、２０１８年7月、長男の強さんに社長を譲り、自分は会長へ。20代前半には家業に呼び、近年は副社長に就けて交代の準備をしてきた。「経営者としては、すごい人。悩んでも一度決めたら行動は誰より速い。独特の感覚を持っているし、よく勉強する。目標でもある」。強さんは語る。

佐々木さんは、強さんに「理論的な裏付けのある経営」を期待する。「感覚でやる時代は終わった。俺も変えようとはしたが、もっと中身の濃いものにしてほしい」。思想は、化学に基づくコバリオン製造と重なる。

今も毎日、本社事務所隣にあるプレハブ造りの会長室に通う。「資金管理とか利益率の向上とか、まだまだ弱い部分が多い。それらをフォローしていくのがこれからの役目だ」

こう話す佐々木さんの横で、強さんは「一線を退くのは性格的に無理でしょう」と一笑。〃お墨付き〃をもらい、佐々木さんもほほ笑んだ。

「『俺を越えろ、越えるものを身に付けろ』と話している」と語る佐々木政治さん（左）と強さん＝釜石市平田・エイワ本社

【エイワ】佐々木政治会長が1978(昭和53)年、釜石市唐丹町で繊維強化プラスチック(FRP)の成形・加工業を開始。82年に唐丹エフ・アール・ピーとして法人化し、92年にエイワに社名変更した。FRP成形・加工、建設、金属製造の3部門で構成。本社兼本社工場は同市平田。ほかに市内に唐丹工場(FRP用)と金属事業部の2カ所の工場を置く。資本金3千万円。佐々木強社長。役員6人を含む従業員61人。2019年5月期の売上高は13億円。

もうかっているのは、10年前の結果。
今の努力が10年後の安定につながる

高橋悦見さん／セントラル（奥州市）

奥州市胆沢南都田《なつた》の建設機械リース・レンタル業セントラルは、１９７３（昭和48）年の創業以来、大小の機械類や車両、仮設ハウスなどを建設業者らに貸し出し、東日本大震災からの復興をはじめ、県内外のインフラ整備を支えてきた。一代で70億円企業を育てたのが、社長の高橋悦見《えつみ》さん（72）。10年先を考えて経営するのがトップ、転勤は上の者が楽をする仕組み―。浮沈の激しい建設関連業界でリストラなども行いながら独自の経営論を確立し、生き残りと発展に精魂を注いできた。高橋さんの経営者としての歩みと決断を追う。

【２０１９年３月14～18日掲載】

巨額投資で復興支える

バックホー1320台、トラック892台、事務所や倉庫に使う仮設ハウス約千棟―。セントラルは震災後、これだけのレンタル品を全て新品でそろえた。総投資額は、優に100億円を超える。

その震災で、同社は気仙沼営業所が焼失。岩手県内の沿岸部でも重機などが津波をかぶった。被害額は10億円近くに及んだ。

「10トンもある重機が流されるなど大きな損害だった。ただ、そのぐらいで済んだ思いもあった」。高橋悦見さんの切り替えは早かった。

復旧・復興に、建設機械のニーズが高まるのは百も承知。「われわれの業界は『安全運転』では駄目。機械を買える力と、いかにシェアを持つかで、生き残れるかどうかが決まる」と、リスク覚悟の巨額投資に踏み切った。

発電機など従来の小型機械主体から、バックホーなど大型機械の調達を拡大した。支払いと売り上げのバランスをにらみつつ、3年ほどかけて品ぞろえを充実させた。

仮設ハウスを大量に増やしたのにも、計算があった。「もうかる商材ではないが、工事が決まれば、まずは事務所として使うハウスがレンタルされる。それをきっかけに業者とつながりができれば、機械などの営業で優位になる」

中国・上海の海上コンテナメーカーに依頼し生産のスピードを上げた。サッシは品

東日本大震災後に調達した仮設ハウスの前で、巨額投資の決断について語る高橋悦見さん＝奥州市胆沢南都田

質の良い住宅用の仕様にし、他社と差別化を図った。宮城県石巻市、陸前高田市、福島県相馬市には、営業所を新設した。

震災の前、同社の売り上げは一時の50億円台から20億円台まで落ちていた。過去のリストラの影響を引きずり、「コンクリートから人へ」を掲げた民主党政権の公共事業削減が追い打ちを掛けた。資金調達の難しさから、所有する機械類の売却も検討していた。

そんな折の大災害だった。震災の翌年、同社の売上高は約17億円増の約45億円に急伸。災害で息を吹き返す形になり「運の良さ」をささやく声もあった。

目に焼き付く光景がある。それは震災の直後、同業者の全国組織の代表が関西から単身トラックで駆け付け、釜石市の避難所に発電機などを届けたり、入浴サービスをする姿。「涙が出るようだった。自分たちの仕事は災害のときになくてはならない、社会に貢献できるもの。商売というより、一緒に復興する気持ちでやってきた」。自負を言葉に込めた。

創業以来、高橋さんは積極性と、できる努力を惜しまない姿勢を貫いてきた。

「仕事のある所に出て行く」

建設機械レンタル業で、東北有数の企業となったセントラル。「仕事のある所に出て行く」。社長の高橋悦見さんの明快で前向きな営業展開が、成長を支えてきた。

アメーバ作戦—。法人化した1977（昭和52）年以降の5年余りで、盛岡以南の国道4号沿いと県内の沿岸4市、秋田市に相次いで営業所を開いた。「競争力を付け、機械を売ってもらえる会社にならなければ」と、アメーバのようにじわじわと営業網を広げた。

「仕事のある所—」との戦略の象徴は、久慈市や青森県六ケ所村への出店だ。久慈の開設は83年4月にあった大火の数カ月後、六ケ所村は原子力関連工事を見据えた初の青森進出だった。開店、閉鎖を経ながら、営業拠点は東北4県の20カ所に増えている。

同社のキャッチフレーズ「小物のセントラル」は、商品の特徴を表す。東日本大震災前まで同社のレンタル売り上げは、1台1千万円以上する掘削・運搬用の重機より、発電機、コンプレッサーなどの小型機械の割合が高かった。

「小型機械は安く、投資を抑えられる。修繕費も少ない。市内に重機レンタル中心の業者があり、すみ分ける考えもあった」

資金不足で、満足な担保もない起業家ならではの事情があった。一方で、単なる守りには入らなかった。

「機械を買うとき、営業現場はどれだけ稼働するか分からないから、少なく買いたがる。先行投資の恐怖心はあるが、一定の台数がそろっていないと借りに来てくれない」。取引先として認められるため、必要と思う商品は準備した。

バックホーや仮設トイレ、鉄板など多様なレンタル商品が並ぶセントラルの営業所。震災の復旧・復興工事に伴い、売り上げは急伸した＝奥州市水沢工業団地

建機レンタル業は現在、全国の市場規模が1兆円を超える。県外の大手と地元資本が顧客を奪い合う。ゼネコンなど「借り手優位」の取引慣行で、レンタル料の値引き競争も激しい。

高橋さんは「うちが値引き競争の原因をつくることもある」とした上で「発展するには（ユーザーの）建設業者の信頼を得て、長く付き合ってもらうしかない」と言い切る。

胆沢南都田の実質本店。来客があると、全員が仕事の手を休め、立って迎える。帰りも全員で見送る。

原点は、本店が水沢市（現奥州市水沢）花園町だった時代にさかのぼる。立地が悪く、分かりにくかった。「道に迷いながら探して来てくれるお客さんもいた。自分たちができる事を考え、あいさつや見送り、立派なカップでおいしいコーヒーを出すなど、接客を徹底した。注文は断らなかった。少しでも気持ちよく帰ってもらうことほど、大事なことはない」

社員には創業間もなくから、年4カ月分のボーナスを払った。平成に入ると、週休2

日制を他社に先駆けるように取り入れた。

「経営のポイントは生産性。採用で大勢の中から選ぶのが難しい中小企業だからこそ、社員の働く意欲が大切だ」。続けて「ボーナスを出すためもあり、起業して10年は事業の金は全部会社のために使った。家は看護師の女房の収入が頼りだった」と懐かしむ。

高橋さんは農家の長男。高速交通時代の到来が、思いもよらない起業家への道を歩ませた。

目新しかった建機レンタル

高橋悦見さんが事業を始めたのは、日本が「列島改造ブーム」に沸いていた1973（昭和48）年。26歳だった。

高橋さんは、地元のコメ農家の5人きょうだいの長男。水沢農高を卒業して就農したが、規模は1ヘクタールほど。父親に現金収入を求められ、会社員になった。

転機は市内の建設会社で現場監督などをしていた時。建機をレンタル業者向けに貸し出す会社に勤めていた親戚から、「やってみないか」と誘われた。

全国で高速交通網の整備が加速していた。県内でも高速道や新幹線のつち音が本格化しつつあった。

会社経営に特に興味はなかった。民間企業で働

家族と記念写真に納まる30代半ばの高橋悦見さん（後列左）。「当時はいつも何となく不安で、家に帰るのがつらかった」と語る＝1981年ごろ、奥州市胆沢南都田（高橋さん提供）

き、公務員の高いボーナスがうらやましかった。

「なぜ独立したかと言えば、経営について全く分からなかったから。おぼろげに建機のレンタル業は可能性があるとは思ったが、あくまで『俺は経営するぞ、ボーナスを出すぞ』。そんな感じだった」

父親は反対で援助もなかったが、「長男が生まれた日（72年12月24日）に起業を決めた」。就職した後も給料を家に入れ、小遣いをもらう立場だったため、手持ちの金は8万5千円しかなかった。妹に30万円を借り、事務所を建てた。

最初は友人と2人だった。保証金を払って仙台の業者から建機を借り、市内の建設会社にレンタルを始めた。程なくして独り立ちした。

3日に1回程度はトラックで往復10時間かけ、仙台に通った。夕方の出発で、睡眠時間は4時間足らず。暖房のないトラックの冬場の運転はつらかった。

助かったのは仕事があったこと。「当時は物を借りるという発想が新しかった。建設会社に便利さを感じてもらい、どんどん貸すことができた」。77年の法人化前に、借りていた機械を3千万円で買い取った。

高橋さんは創業からの10年を次のように振り返る。「売上高が10億円に〝しか〟ならなかった。この仕事は最初に機械を買うための金が大きい。金融機関は担保がないと融資をしてくれず、資金繰りは厳しかった。機械の数が限られ、頑張ってもなかなか伸びなかった」

いつも漠然とした不安があった。悩み、考えて土台を築いた。

高橋さんは「10年先を考えた経営」がモットー。過去には人員削減、店舗閉鎖にも踏み切った。

値引き競争が横行

高橋悦見さんが45年余の社長業で導き出した一つの結論がある。「経営とは、失敗を予測すること」。実践は、時に冷徹な判断を伴った。

建機レンタル業は重機などを購入してレンタル料から分割払いし、支払いの終わった機械をさらに貸したり、中古品として売却することで収益を稼ぐ。

セントラルは売上高が20億円を超えた平成初めごろから、経営規模が右肩上がりになった。品ぞろえを増やす投資で長期債務が60億円を超えた１９９７年5月期は、売上高50億円超、従業員も約１７０人まで増えた。

しかし、財務には悪化の影が差していた。理由はレンタル料金の値引き競争。「各社が仕事を取ろうと1カ月貸しなのに1週間分しか料金をもらわないなど、安売りが横行した。機械の支払いができなくなることを一番に心配した」

機械を売って現金化する方法もあったが、売却は〝最後の手段〟と考えて頭から消した。経費を切り詰め、身軽になる必要性を感じた。選んだのが、リストラだった。

2001、02年に秋田、青森両県の営業所4カ所を閉鎖した。建機を大量に購入していた商社から専務を迎え、実質的な経営をゆだねて社員の指名解雇を行った。自身は責任を取って相談役にいったん退き、妻の智穂子さん（71）を社長に就けた。一時180人を超えた従業員は03年5月期に100人を割った。

経営不安が広がった。「社員には『(安売りを求める）取引先に、このままでは会社がつぶれると言え』

過去にレンタルしたプレハブ9棟を連結させて建てた営業本部。会社のコスト節減の意識が表れている＝奥州市胆沢南都田

と話した。どんなうわさが立とうとも、会社が生き残ることが大事。雇用の維持はその後だった」

リストラの最中に社長復帰する際は、商社側に傘下入りを持ちかけられたが断った。金融機関のバックアップもあった。「うちは〝不良会社〟だから、取引してもらえなくなることは覚悟していた」。幸い関係は今も続いているが、対応は綱渡りだった。

「脱皮」。高橋さんはリストラをこう言い表す。「古い皮を剥ぎ、新しい血を入れることが将来につながる。やむを得ない選択で自分でも悔しい経験はしたが、誤ったことをしたと思ったことはない」

政争絡みで大口取引先から突然の契約打ち切りに遭ったり、社員に不本意な独立をされたこともあった。

「本当の信頼を生むのは、危機に接したときの経営者の決断の迫力」。独特の言い回しに実感を込めた。

全くの素人だった企業経営の世界。高校時代の演劇の経験が役に立った。

「仕事は人につく」

胆沢町（現奥州市胆沢）の町民総合体育館で、1985（昭和60）年3月にあった第1回町民劇場。高橋悦見さんは現在も続く舞台の記念すべき初公演で演出を務めた。水沢農高時代に取り組んだ演劇の知識と経験を買われた。

子どもの頃、けがの後遺症で右手に力が入らず、字をうまく書けなかった。劣等感は強く、高校の最初の受験は失敗。1年間は定時制に通った。

高校入学後も勉強は苦手。没頭したのが演劇だった。「記憶力が悪くてせりふを覚えられないから」と、役者よりも裏方の演出にやりがいを感じた。芝居に生かそうと、意識して人間観察するようになった。

「構想を練ったり、分からない人に教えたり、チームワークが大事だったり。演劇は経営に似ている。全体をまとめる演出家は、会社で例えるなら社長」

2回目の演出となった第4回「小夜姫物語」は特に評判が良かったが、それを機に演劇から遠ざかった。「仕事より面白いけれど、飯は食えない。続ければ仕事がおろそかになると思った」。家族と社員の生活を背負う経営者。公私のけじめは忘れなかった。

水沢信用金庫の前理事長の及川富美人《ふみと》さん（74）＝同市水沢踊子＝は、30年来の付き合い。及川さんは高橋さんについて「前向きな人。ワンマンなところがあって、決めてしまった後に融資の相談に来ることもあった。うまくいく時もあれば、裏目に出た時もあった」と振り返る。

高橋さんは移動の新幹線で、思いついた経営

舞台の裏にもドラマがあった

初の胆沢町民劇場

会場に感動の渦

3時間にわたる熱演で観客を感動させた第1回胆沢町民劇場

胆沢郡胆沢町の第一回胆沢町民劇場は、三十一日の午後二回、同町南都田の町民総合体育館で開かれ、一年がかりで脚本から舞台装

員長・千葉長一町長）を結成。その後、脚本、スタッフ、キャストを公募。九月に同町の民話を題材にした「大堤の市の音」（小野寺豊

する大道具係は町内在住の大工さんで、仕事が終わった夜間にコツコツ作ってきた。

昼の部では、子供からお

胆沢町民劇場の第１回公演の様子を伝える1985年４月２日付の岩手日報の紙面。高橋悦見さんが演出を担当した

論を携帯端末に打ち込む。会話の随所に一家言《いっかげん》が交じる。

転勤は上の者が楽をするシステム—。同社は原則、転勤がない。「転勤した人は働くが、（取引先には）顔見知りの人が長く営業所にいた方がいい。仕事は会社でなく、人に付く。新陳代謝はマイナスもある」

企業は止まってはいけない—。過去の大規模リストラも踏まえ「もうかっているのは、10年前の結果。今の努力が10年後の安定につながる」

同社が実質的な本店とする建物は、1992年の三陸・海の博覧会でテーマパーク用に貸し出したプレハブ。高橋さんは「立派な建物は必要ない。中身を良くすることが経営」と言い切る。

そして「（ホームページなどを通じ）見た目で判断されて、学生が希望してこない。大切なのは外見じゃないと学校で教えてほしいのに」。苦笑交じりで、少し口をとがらせた。

高橋さんは「震災後」をにらみ、社内体制の強化と事業の全国展開を見据える。事業承継も近づいている。

東京拠点構想に着手

セントラルは高橋悦見さんの家族が要職に就き、経営の安定を図ってきた。長男の智《さとる》さん（46）がナンバー2の常務、次男の隆行さん（40）は取締役で、妻の智穂子さんも監査役。高橋さんは近々、社長職を智さんに渡し、自分は会長として代表取締役2人体制で運営しようと考えている。

高橋さんは東日本大震災の時、社長が2代目の同業者が、投資に慎重だったことを覚えている。１００億円規模の金をつぎ込んだ自分との違いに触れ「業種の特性を押さえて、将来を考えた決断ができるか。社長には度胸がいる」。時に〝理論家然〟と映る息子に、望むものはまだ多い。

セントラルは２０１９年春、東京の拠点を千代田区有楽町に移した。高橋さんいわく「大ばくちをかける」。大手が地方にも攻勢を掛け、業界は寡占化が進む。競争を勝ち抜くため、外部人材も活用し、全国へのネットワークづくりに着手する。

高橋さんが民間の信用調査会社に作成させたレポート。県外の同業者が近年、首都圏や被災地に営業所を積極的に開いている状況が分かった。

「うちは東日本大震災で会社としての体力をつけさせてもらった。建設工事が減って苦しむときはまた来る。慎重意見はあるが、今動かなければならない」

単に規模拡大だけが目的でないから、企業の合併・買収（M&A）には距離を置く。目指すは「業界で一番効率の良い会社」だ。

技術者の高齢化など人手不足の激しい建設業界は、測量や施工への情報通信技術（ICT）の活用が加速している。レンタル業者はニーズに合った品ぞろえを求められ、機械の調達負担は高まっている。

高橋さんの構想は、東京を拠点に今は営業所ごとに分散している機械や営業、サービス、配送などの管理を一元化し、人材を集め、各地に営業所、子会社を展開。レンタル品の種類も増やしたい考えだ。2016年には地震被害のあった熊本県内に高橋さん個人が出資し、地元出身者と共同で建機レンタル会社を立ち上げた。

東京の新拠点は社員数人からスタート。「(売上高を) 100億円にするための取り組みになる。200億、300億にするには、まず100億円の突破。挑戦なしに実現はない」

将来の株式上場も「当然考えている」と高橋さん。「態勢が整うまでは、月の半分は東京に行くことになる」。志を高く、経営という舞台に立ち続ける。

【セントラル】主に建設会社向けの建設機械、事務所用備品、空調機器のレンタル・リース・販売業。高橋悦見社長が１９７３（昭和48）年に友人と岩手セントラル機工を共同創業し、74年独立。77年法人化、89年セントラルに名称変更。機械修理業と保険代理店業の子会社2社を持つ。登記上の本店は奥州市水沢工業団地、実質本店の営業本部は同市胆沢南都田。営業拠点は岩手、秋田、宮城、福島に計20カ所。ほかに東京支店。資本金3千万円。従業員は１６０人。２０１９年12月期の売上高は69億５４００万円。

家族のために苦労して働いた父のすごさを
受け継ぐことができることに、感謝しかなかった

辺龍雄さん／中原商店（ぴょんぴょん舎運営・盛岡市）

焼き肉・冷麺のぴょんぴょん舎を運営する盛岡市稲荷町の中原商店。社長の辺龍雄《ピョンヨンウン》さん（70）は39歳で鉄スクラップ加工処理業から仕事を変え、レストラン経営に乗り出した。「本物の食」にこだわり、テークアウト商品の開発や首都圏などへの出店を通じ、全国に「盛岡冷麺」をＰＲ。在日韓国人2世として異文化の融合に価値を見いだし、思いを実際の事業で体現してきた。辺さんの経営者としての決断と歩みを伝える。

【２０１９年4月8〜12日掲載】

人生を変えたプラザ合意

歴史的な世界の経済合意が、辺龍雄《ビョンヨンウン》さんを飲食の道へ向かわせた。

辺さんは病気で倒れた父に代わって家業の「鉄くず業」（辺さん）を営むため、31歳で東京から盛岡に戻った。工場などから出る鉄の廃材を買い、重機で一定の大きさに切ったり、つぶして商社に販売した。

自ら営業に歩き、盛岡・大通商店街のアーケードや市内の体育館など大型の廃材回収も手掛けた。「競争は激しかったが、いい結果は出せていた。借金もどんどん返した」。順調だった事業は1985（昭和60）年、予期しない逆風に襲われた。

「プラザ合意」。為替相場の安定に向けた先進国間の取り決めで、日本経済は一気に円高になった。輸入された安い鉄くずが出回り、売り上げは急落。利益は圧迫された。鉄スクラップ加工処理業は国の認める構造不況業種になった。

借金が残っていて、事業はやめられなかった。経営不振で民間の金融機関からお金を借りられない中、不況業種から別の仕事に転換する事業者向けに、国の有利な融資制度があると知った。

飲食業は、頭になかった。高校生の頃、ホルモン鍋の店を営んでいた母が、忙しさで体を壊したのを見ていた。

ただ、冷静になると「(盛岡市稲荷町は)ロードサイドで高速のインターチェンジも近く、外食が最もはまると考えた。当時は冷麵が『盛岡の食』として世に出そうな雰囲気があり、焼き肉店が増えていた」

飲食業は自分が一生を懸けられる仕事か―。自問

冷麵工房内の工場でスープを仕込む従業員。牛骨や鶏がらで作る冷麵用は、とろみとまろやかさが特徴だ＝盛岡市繋・盛岡手づくり村

自答した。そんな時、レストランの語源をたどり、「回復」という意味を知った。「食に限らず、自分の好きなアートとかデザイン、音楽などを通じて、人に癒やしを提供できる仕事だと思った」。料理を一から学ぶため、鉄くず業を続けながら夜は市内の調理師専門学校に通った。

2年後の87年、それまで鉄くずの山があった同市稲荷町に2階建ての本店を開店。飲食業は初心者だったが、１００席から始めた。従業員もパートなどを含めて50人近くを雇った。

家業に入るまで東京でしていた〝税理士浪人〟の知識が役に立った。「立地状況や投資額から自分で事業計画を立てた。やれるはずだと言い聞かせ、課題を一つ一つ乗り越える努力をした」。30年を経た今、押しも押されもせぬ盛岡冷麺の名店の一つになった。

成長の陰には、味とサービスへのこだわり、何より、辺さんのぶれない経営姿勢があった。

オリジナルのスープ追求

「盛岡冷麺」の生みの親は、盛岡市大通の食道園の店主だった青木輝人さん。自分が生まれた朝鮮半島に伝わる複数の冷麺を土台に、スープと辛みのあるキムチを使った盛岡ならではの冷麺を開発した。

ぴょんぴょん舎は今でこそ知名度が高いが、市内の焼き肉・冷麺店では後発組に入る。辺龍雄さんは「食道園さんをはじめ老舗の冷麺を、すごく食べて参考にした」と振り返る。40歳手前で飲食業界に入った辺さん。外から料理人を招かず、オーナーシェフにチャレンジした。特にスープを極めようとした。

同市稲荷町の本店をオープンする前、都内の百貨店で開かれた岩手の物産展で冷麺を提供した。国内の食卓に、キムチがさほど普及していない時代。「キムチ入りだと、においがきつくて食べられないという人が多かった。キムチ抜きでも完成度が高い冷麺でなければと思い、いろんな物を飲んで、オリジナルのスープを研究した」

牛骨や牛肉、鶏がら、若干の野菜などで仕上げる辺さんの冷麺スープ。「特徴はとろみとまろやかさ。冷麺は麺が比較的太く、とろみのあるスープはよく絡む。特製の冷麺専用キムチを入れれば、さらにおいしい。全部飲んでほしい」と自信を持つ。

サービスでは物産展などの経験から、他店に先駆けて「辛み（キムチ）別」の冷麺をメニュー化した。悪くなりやすい麺は店ごとに仕込む一方、スープやキムチは工場で一括製造し、店舗を増やしても味がぶれないようにした。

自分の知識と経験の不足を補おうと、本来の出自で

他店に先駆けてメニュー化した辛み（キムチ）別の冷麺

ある韓国の料理に取り組んだ。頼ったのが、都内在住の韓国家庭料理の研究家、趙重玉《チョジュンオク》さんだった。

在日2世、3世や日本人に韓国の料理、食事のマナーを伝えたいという趙さんの著書に共感。本店を開いた直後から月2、3回ペースで料理教室に通った。

「例えば石焼ピビンパに乗せる錦糸卵のように、最後にトッピングする物には『どうぞ召し上がってください』という心を込める」。技術だけでなく、料理人の心を教わった。

辺さんはこれまでのレストラン経営について「本質から外れず、原理原則や歴史を大事にしてきた」と語る。自然環境にも配慮し、コメは全量が県の認定エコファーマーが生産した「銀河のしずく」。人気のマッコリは、加熱処理しない生酒にこだわる。

「本物の食とは人間が体を維持し、健康になるためにある。マッコリは加熱すればアルコール度数が安定して造りやすいけれど、体にいい乳酸菌などは死ぬ。だから生でないといけない」

商業環境の変化や自然災害、相次ぐ食肉の問題で経営が打撃を受けたのは、1度や2

度ではない。

それでも支持は変わらず、年商は20億円を超えた。「盛岡冷麺が盛岡の文化になってほしい」という揺るがぬ思いと、食を扱う者としての実直さ。確かな理由があって、今がある。

在日韓国人2世の辺さん。在日ゆえの苦労をしてきたが、親の愛情と仲間、恩師らに恵まれた。

「中原」から「辺」へ

辺龍雄さんは戦後間もない1948（昭和23）年7月、神戸市長田区で生まれた。両親は韓国人で、7人きょうだいの6番目。父の致三《チサン》さんは長靴を作る職人で、親戚がいた二戸市に行商に来るうちに岩手に定着した。盛岡に移住したのは、辺さんが4、5歳の時だった。

名前は日本名の「中原龍雄《なかはらたつお》」を名乗っていたが、幼心に「在日」であることを意識した。父はかりんとうの製造に仕事を変えていたが、家は貧しかった。肌着も満足に買えなかった。いじめに遭い、朝鮮人の「ちょ」という言葉を聞くたびに、ひやっとした。

同時に守ってくれる人がいた。「先生とか、民生委員とかが助けてくれた。何より両親の愛情に満たされていた。幼い時の体験は良い体験。憎しみも何もない」。辺さんは言い切る。

高校を卒業し一時、致三さんが始めていた鉄スクラップ加工の仕事を手伝った後、花巻市の専門学校で簿記を学んだ。将来は税理士になろうと、改めて22歳で都内の短大に進んだ。そこで、後の生き方の指針となる仲間たちと出会った。

東京に出たのに合わせ、名字を「中原」から韓国名の「辺」にした。「自分の歴史的背景を知らずに生きていた。両親の国、韓国の文化を知り、自分を見直したかった。それなら、まず名前を戻そうと思った」

　折しも国内は学生運動の真っただ中。母国も大統領任期に絡む憲法改正問題などで揺れていた。短大1年で韓国を初めて訪れ、帰国すると税理士の勉強を続けながら、同じ在日の若者たちの学生運動に加わった。

　国のありよう、在日という自らの存在、歴史について必死に学び、議論を戦わす同世代に刺激を受けた。「ものの見方、考え方を勉強した。自分の国を理解し、日本のことも分かった。親はなぜ日本に来たか、なぜ自分がここにいるか、矛盾を解決できた」

　最終的に致三さんが倒れたことで、辺さん

鉄スクラップ加工処理業をしていた当時の様子。辺龍雄さんが運転席（写真中央のガラス部分）に座り、重機を操作している＝1980年頃、盛岡市稲荷町（中原商店提供）

は税理士の資格取得を中途にしたまま、盛岡に帰ってきた。

辺さんは振り返る。「父は『一生の財産は教育』だと、わがままを聞いて勉強させてくれた。職業うんぬんでなく、家族のために苦労して働いた父のすごさを受け継ぐことができることに、感謝しかなかった」

学生時代の経験は、多様な文化を尊重する精神を育て、その後のレストラン運営にもつながった。

1987（昭和62）年開店の同市稲荷町のぴょんぴょん舎本店は、広告戦略などが当たり好スタートを切った。99年には、父の夢だった盛岡駅前への進出を果たした。

父の夢だった盛岡駅前進出

ニッポンめんサミット。盛岡市で１９８６年に初開催された全国の麺の魅力を発信するイベントで、辺龍雄さんは、生まれて初めて一般の人に冷麺を振る舞った。

当初はイベントの運営側にいた。出店する冷麺店を探したが、引き受ける人がいなかった。飲食業をしようと調理師専門学校に通っていた。まだ店も持たない自分が、まさかの〝地元代表〟になった。

「前日までスープを何度も作り直した。最後にそこそこの冷麺ができ、値段を安くしたこともあって、すごく売れた」

サミット出店の効果は予想以上だった。盛岡の冷麺がメディアを通じて広く発信され、都内の百貨店の物産展に声が掛かった。特に大きかったのは、金融機関への信用だった。

鉄くず業で多額の借金を背負う中の業種転換。新規融資８千万円を受け、無事にレストランの開業にこぎ着けた。

87年、ぴょんぴょん舎がオープンすると、店は客であふれた。辺さんは「知名度を上げるためにCMを3年間徹底して流した。盛岡の食として冷麺を盛り上げようと行政や市民、マスコミの支援があった。どこの店も忙しかったと思う」と懐かしむ。

ぴょんぴょん舎を勢いづかせたのは、90年に発売した麺、スープ、キムチをセットにしたテークアウト商品だった。お土産で（他の会社の）冷麺を食べたけど、ぴょんぴょん舎のと違った──。開発のきっかけは、客の一言だった。

「店の味を家庭でそっくり体験してもらおう」

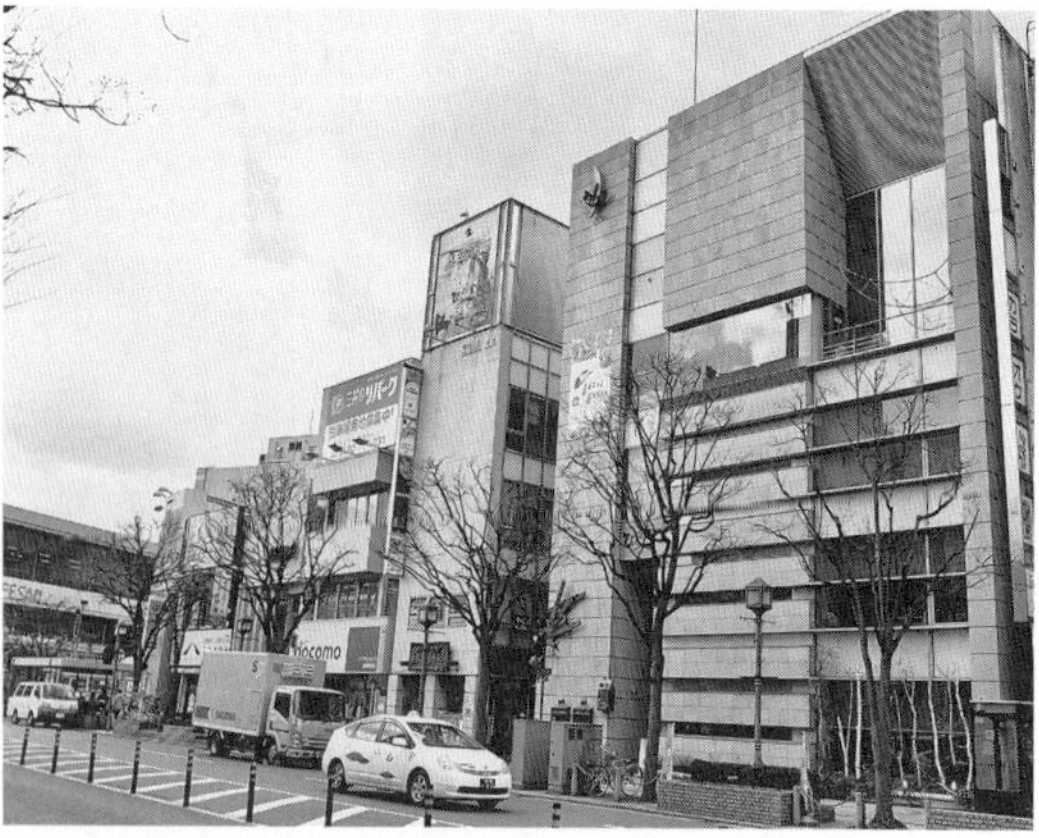

ＪＲ盛岡駅（左奥）近くの中原商店の自社ビル（手前）。韓国方言で子守歌を意味する「ジャーラン」ビルと名付けた＝盛岡市盛岡駅前通

と賞味期限は短くても、麺は生麺、スープは後から水で薄めないストレートスープにした。狙いは奏功。テレビショッピングなどで人気に火が付き、店の評判も上がる好循環が生まれた。

そして1号店開店から12年後の99年、盛岡駅前に約7億円をかけて5階建ての自社ビルを建設した。駅前に出店を持ちかけられた時、思い出したのは父、致三さんの言葉だった。

こんな所で仕事ができたら―。致三さんは生前、駅前で商売していた他の在日の人々にあこがれていた。「思えばとんでもない金額だった。それでも父の夢をかなえたかった」。過去10年余の飲食店経営の実績が、決意の根拠になった。

駅前店はビルの1～3階を占め、客席約230席と大規模。当初はPR不足や外観が分かりにくいなどで伸び悩んだが、徹底した旅行客の取り込みや近隣の駐車場確保で反転させた。

「最初は本当に青ざめた。原点に返り『何をすればいいか考えろ』と自分に言い聞かせた」。駅前店は今、ぴょんぴょん舎の売り上げ1番店となっている。
辺さんは店の雰囲気づくりや味、人材に「異文化の融合」を意識してきた。

障害者が制作したガラス絵

ぴょんぴょん舎は一見、木やれんがをぜいたくに使ったモダンな洋風建築が特徴。しかし細部を見ると、窓枠、ふすまなどに韓国古来の様式を取り入れ、そこに地元で創作する作家の絵画やステンドグラスを組み合わせている。

癒やしの場――。辺龍雄さんは、店の空間づくりの解を「異文化の融合」に求めてきた。「日本と韓国という二つの文化を体験しているのが私の個性。盛岡冷麺も朝鮮半島から伝わった冷麺が、盛岡という場所で新しい形となって生まれた。さまざまな文化を融合し、新たなものを生み出したい」

異文化とは、国や地域に限らない。各店舗には、県内の障害者施設で作られたガラスが、トイレや喫煙所の表示、間仕切りなどに利用されている。

「障害者には障害者の文化がある。ノーマライゼーションの空間を、理屈抜きに何となく『いいね』と感じてもらえたら」と辺さん。特にお気に入りは、盛岡市前潟のイオンモール盛岡内「オンマーキッチン」にある、8匹のイカが泳ぐガラス絵という。

障害者はレストランを始めた当初から、働き手

韓国や日本、洋風の様式が混ざり合った品のある食空間が人気のぴょんぴょん舎本店＝盛岡市稲荷町

としての戦力。同社は2001年、関連雇用の優良法人として国の表彰を受けた。現在は約10人が、製麺や鉄板洗いの工程に立つ。

40年来の友人で、前もりおか障害者自立支援プラザ所長の大信田康統《やすのり》さん（76）は「辺さんは韓国と日本の文化の『懸け橋』。障害者のこともよく理解して雇用し、経済的に自立させてきた」と功績を語る。

異文化融合への熱意は、韓国料理やスープ類などサイドメニューの豊富さ、盛岡駅前の無国籍料理店「ジャーラン・ジャーラン」の営業にも表れている。

「大好きな盛岡」の食文化を全国に届けたい―。店舗は県内外で計13。戦略性を持ち、時に思い切った出店をしてきた。

東北は盛岡市と仙台市のみ。街の玄関口に当たる高速道のインターチェンジ（IC）近くやJRの駅前、大型商業施設に構え、隣県からも客を呼び込んでいる。

コンセプトが違うのが、盛岡手づくり村に2005年にオープンした、スープなどの工場と体験コーナーを兼ねた冷麺工房だ。手狭になった工場新設の必要に迫られての整備だったが、観光地であり、盛岡冷麺の〝発信地〟にと期待した。

「インストラクターが最初から最後まで付くから、体験部門だけを見たら赤字。それでも、親子で冷麺づくりを楽しんでいる姿はすごくいい」。辺さんが声のトーンを上げた。

そして06年、東京・銀座に進出した。わずか6坪（約20平方メートル）、10席の店が、食の大激戦地で注目を浴びた。

人手不足への危機感

「規模が小さいから、失敗しても大きな損失にならないはず」。辺龍雄さんにとって、2006年6月の東京・銀座への初出店は、あくまで〝実験〟だった。

待っていたのは、うれしい誤算。銀座店の冷麺が雑誌で銀座の人気ランチ1位に選ばれ、ファミリー層にも支持されるようになった。

08年4月、銀座の新築ビルに焼き肉・冷麺「GINZA UNA」を開店した。異文化の要素をちりばめた140席の本格店舗。「(テナント出店は)冷麺という食の特殊性と、空間などの店づくりが評価された」

勢いは続いた。12年には東京の新名所、東京スカイツリーの商業施設「東京ソラマチ」に店を構えた。

ぴょんぴょん舎はテレビなどでも紹介され、知名度は全国区になった。しかし、経営の足元はいつも緊張と隣り合わせだった。

拠点の盛岡市は、流通大手の進出と、その周辺への商業集積が脅威になってきた。時に車の流れが一変し、本店の売り上げが30、40％落ちたこともあった。

牛海綿状脳症(BSE)や口蹄疫《こうていえき》など、牛肉の問題がたびたび発生。東日本大震災では物流の停滞から2カ月間の休店を強いられ、原発事故の風評被害にも見舞われた。

辺さんが今「最も怖い」と語るのが深刻な人手不足だ。「募集してもなかなか集まらず、派遣会社にも人がいない。労働時間の短縮は営業時間を短くするとか、レストラン無休の見直しなど、何かしないとかなり難しい」。高まるばかりの危機感。対策の一環として、同市内で社員やパート、地域の子どもを対象にした保育事業に乗り出した。

長男で中原商店常務の公哲《こうてつ》さん（35）。仕事に追われ、一緒に遊ぶことさえままならなかった辺さんとは、子どもの頃からぶつかることが多かった。

10年ほど前に銀座の店から盛岡に戻り、一緒に働くようになった。公哲さんは父親について「感性が独特。冷麺の文化を地域に根付かせた」と認める。その上で「個人の目標として接客、調理など全てで誰にも負けたくない。父はライバル」と強く意識する。

辺さんは後継者である息子の率直な言葉に少し戸惑いながら「組織づくりなどが得意だが、今後は味の方にもっと深く関わってほしい」と静かに見守る。

ぴょんぴょん舎の将来に触れて「大切なのは中身。単なる規模拡大は必要ない」と辺さん。『盛岡三大麺』の一つになった盛岡冷麺の歴史が分かり、日本と韓国の文化に触れられるギャラリーカフェを本店につくりたい」。商売は誰のため、何のために―。本質を胸に、生真面目に歩み続ける。

長男の公哲さんと語り合う辺龍雄さん（右）。「うちレベルの会社はまだトップダウンが必要。困難でも突き進まないと個性的ないい仕事はできない」と語る＝盛岡市稲荷町

【中原商店】焼き肉・冷麺のぴょんぴょん舎を運営。辺龍雄社長が1987（昭和62）年、従来の鉄スクラップ加工処理業をやめ、盛岡市稲荷町にぴょんぴょん舎本店を開業。99年に同市盛岡駅前通に盛岡駅前店、2005年に同市繋の盛岡手づくり村に工場・体験コーナーを備えた冷麺工房をオープンし、06年には東京・銀座に進出した。店舗数は13（県内7、県外6。冷麺工房、じゃじゃ麺、無国籍料理店を含む）。資本金5千万円。従業員は約500人（パート、アルバイト含む）。19年3月期の売上高は22億3000万円。

泥くさくやったことが、一番勉強になった

太野由佳子さん／クロス・クローバー・ジャパン（盛岡市）

「ネコ健康第一企業」。盛岡市菜園のクロス・クローバー・ジャパンは、猫向けに特化した商品の開発・販売で注目を集める。創業者で社長の太野《ふとの》由佳子さん（41）は飼い主の困り事解決を出発点に、猫の健康と安全、猫にとっての使いやすさに徹したものづくりを追求。県内外の工場、職人と連携し、素材や形状にもこだわる。当初の不振からインターネット販売に活路を見いだし、アイデア商品を繰り出してきた同社。将来の事業拡大も視野に挑戦を続ける太野さんの歩みと決断を伝える。

【2019年5月13〜17日掲載】

苦境救ったネット通販

「経営者に向いているんじゃないか」。ボランティア仲間のつぶやきが、ＯＬから起業家への転機になった。

クロス・クローバー・ジャパン社長の太野由佳子さんは盛岡市内の情報システム会社に勤める傍ら、週末などに動物愛護団体「動物いのちの会いわて」でボランティアをしていた。そこで、横浜市内で県産品のアンテナショップを運営する久保均さん（67）＝一戸町出身、神奈川県茅ケ崎市在住＝と出会った。

「いい意味で頑固。みんなと相談してやるより、一人で活動した方がいいタイプだと思った。軽く言ったつもりだったけど」。経営者の先輩でもある久保さんは、当時を振り返る。「自分で考えて動くから（経営者向きと）思われたのかも。その気になった」と太野さん。

1年後に会社を辞めると決意し、何をするか1人で思い巡らせた。

行き着いたのは「24時間考えていられる仕事」。化粧品、カフェ、着物など好きなものをメモに書き出しては比べ合い、選択肢を絞り込んだ。最後に、猫が残った。

子どもの頃、近所には猫がいた。かわいがり、写真などを撮っていたが、父親が警察官で官舎生活だったため、飼えなかった。猫は「あこがれ」だった。

太野さんが起業意欲を高めていたのと並行し、いのちの会では、活動資金を捻出するため犬猫用グッズの販売構想が持ち上がっていた。太野さんは構想に乗る形で2005年6月、盛岡市中ノ橋通に輸入フードを中心とした店舗をオープン。自己資金のほか、久保さんと同会の下机都美子代表（68）が出資

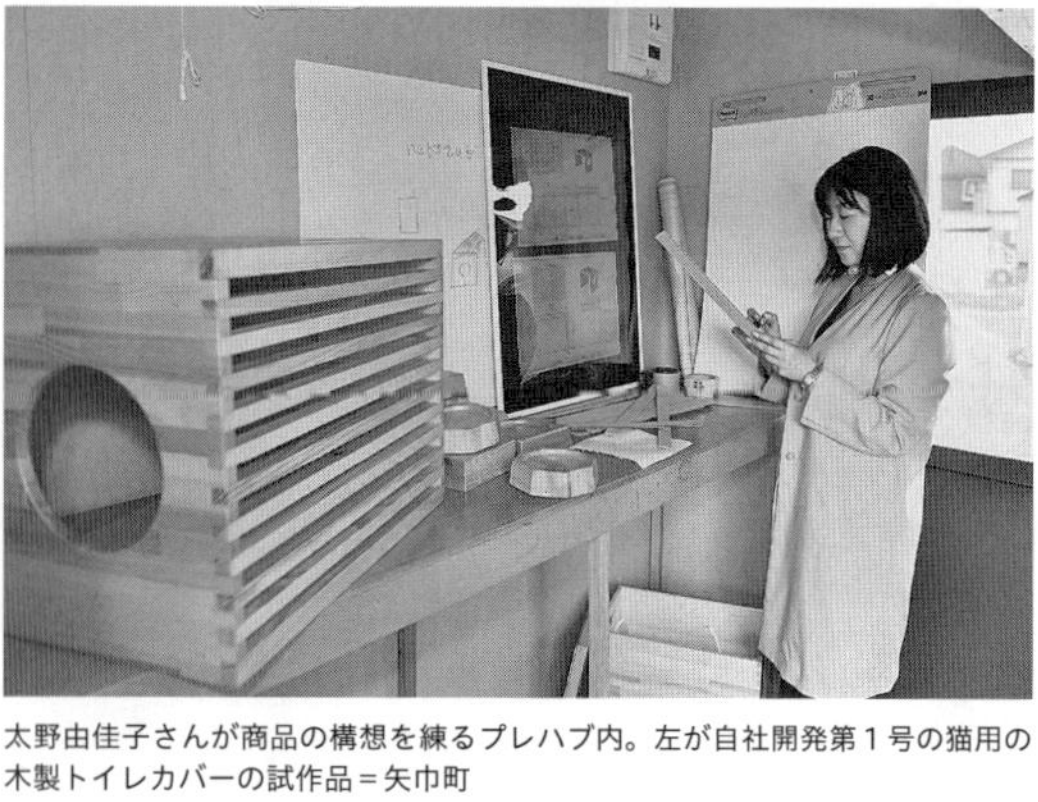

太野由佳子さんが商品の構想を練るプレハブ内。左が自社開発第1号の猫用の木製トイレカバーの試作品＝矢巾町

した。

店を出せば客は来る—。27歳の若手起業家の考えは、すぐに打ち砕かれた。「家賃が安いから」と選んだ物件は、国道沿いだったが目立たず、駐車場もなかった。健康重視の輸入フードは値段が高く「商圏に対し、売っている物が合っていない面があった」

1日に客1人ない日があり「このまま自分が消えても、誰も困らないだろうな」。精神的に追い込まれながら、閉店後、毎日夜12時までスーパーのレジ打ちをして食いつないだ。「このままではつぶれる」。焦りを募らせたある日、たまたま市内であった楽天のネットショップの説明会に参加した。前職の経験からパソコンは得意。創業から約1年たった06年5月にネット販売に参入すると、最初の1カ月で創業初年度の総額に並ぶ100万円を売り上げた。「これなら売れる」。霧の中に、光が差した。

太野さんはその後、商品を猫用に絞り、仕入れに加え、自社での商品開発に乗り出した。心掛けてきたのは、いつも猫の目線だ。

猫のためなら、とことん

矢巾町の住宅街の小さなプレハブ。半分は木工品や段ボール、パネルなどで埋まり、反対側には腰の高さの作業台が据えられている。太野由佳子さんが、実家の敷地に設置した〝商品開発室〟だ。

自社でものづくりを始めたのは、2008年ごろ。最初に手掛けたのは、猫用のトイレカバーだった。

「トイレの砂が飛び散り、臭いもする。来客があると見栄えが悪いから、隠さないといけない」。飼い主の悩みを聞き、海外製も探したが、適当な物がなかった。「無いなら自分で作ろう」。ノウハウゼロからの商品開発だった。

トイレに木枠をかぶせ、布のカバーで覆うという、イメージは頭にあった。問題は作ってくれる業者探しだった。実績も知名度もなかった。猫向けという特殊性もあり、電話での門前払いが続いた。

何とか木工は遠野市、縫製は久慈市の業者を見つけると、イメージを絵に描いたり、実物大を段ボールや紙粘土で作り、業者に持ち込んだ。

出入り口の高さや形、猫が歩いても足を滑らせず消臭効果も高い天井の造作、布の素材、木枠とのフィット感など細部まで突き詰めた。10回、20回と試作・改良を繰り返し、1年半がかりで完成にこぎ着けた。

今では自社製品は約30種に増え、その売り上げは会社全体の8割近くを占めるまでになった。背景には、太野さんが続けてきた地道なニーズ把握がある。

「以前は商品購入者に電話し、使った感想とか困っていることを直接聞いていた。泥くさくやったことが、一番

クロス・クローバー・ジャパンの歴代「ネコ社員」。左からぽんちゃん、ちゃっくん、なるとさん（太野由佳子さん提供）

勉強になった」。最近は会員制交流サイト（ＳＮＳ）も駆使し、飼い主の声に徹底して耳を傾ける。

もう一つ、開発に欠かせないのが、かわいい「ネコ社員」たちだ。

太野さんはこれまでに多い時で３匹いた飼い猫をそう呼び、商品を試作しては家で実際に使わせ、修正する「ＰＤＣＡサイクル」の開発を実践してきた。

２０１９年２月に中小企業診断士の山口敏さん（54）と結婚したが、今も平日は猫がいる実家に帰り、夫とは週末婚状態。太野さんは「普段から猫と一緒にいないと、仕事ができなくて…」と〝猫優先〟の新婚生活に苦笑いする。

手作り品が多く、規格などの細かな注文は時に業者に面倒がられ、「猫のためにそこまでしたくない」と拒絶されることもあった。

それでも本人は意に介さない。「猫は自分で使う物を選べない。私は嫌われてもいいから、猫の気持ちになって、健康で安全な物を責任を持って作りたい。他がやらないことをしないと、意味がない」

創業から10年超。「飼い主さんから『困り事がなくなり、猫と暮らすのがうれしくなった』と言われるのがやりがい。こんなに面白い仕事を見つけられて良かった」。苦境に耐えたからこそ、今に感謝する。

当初は動物愛護団体の活動を補完するような役割を求められたクロス社。ただ、社長となった太野さんの胸には、次第に「もやもや」が膨らんでいった。

出資金返還を決断

動物愛護団体「動物いのちの会いわて」（下机都美子代表）は、クロス・クローバー・ジャパン社長の太野由佳子さんにとって、起業のきっかけと機会を与えてくれた場所。

太野さんは保護された犬猫の世話をするボランティア活動を通じ、下机さんと知り合った。「凍え死にかけた猫を生き返らせる『猫神様』のような人。こんなすごい人がいるんだと思った」

クロス社は当初、いのちの会の運営資金の確保が目的だった。しかし、太野さんはネット通販の本格化を機に、出資者でもある下机さんに経営の「独立」を申し出た。

「非営利のNPO的な活動と物販という行為が、自分の中で（相反し）うまく整理できなかった。迷惑は掛けたくなかった」。事業を伸ばしたいと金融機関から初めて融資を受けるタイミ

犬猫用のグッズを販売していた最初の事務所。この後、猫用商品に特化し、ネット通販で売り上げを伸ばした＝2007年11月、盛岡市中ノ橋通（太野由佳子さん提供）

ングで、出資金の返還を決断。退路を断った。

太野さんの独立希望に、下机さんは反対だった。「ネットは宣伝費も相当かかるし、無駄だと思った」。太野さんは最後までぶれなかった。

下机さんは太野さんについて「心もとなく危なっかしいけれど、すごく心《しん》の強いところがある」。志に真っすぐ歩む娘を見守る、母のような表情で話した。

ペットブームや猫専門という事業の目新しさもあり、同社は商品が各マスコミで取り上げられたり、太野さん自身もセミナーなどの講師として招かれる機会が増えた。ただ、起業までの道も平らではなかった。

盛岡北高時代に父親が急逝した。混乱の中で大学受験に失敗し、浪人を経験。結局、大学に行かずさらに1年、東京などで「ふらふらした」。医療事務の専門学校を卒業した22歳の時、盛岡市内の情報システム会社に入社した。

県内の病院を回り、電子カルテの運用サポートをした。5年勤めた。仕事は楽しかった。ただ、「慣れてきて、私でなくてもいいかなと。個性を生かせる仕事がしたかった」。経営者向きでは―。そんな時、いのちの会のボランティア仲間が〝知らない自分〟を教えてくれた。

猫関連の商売は、着実に軌道に乗ってきた。「猫は昨日好きだったことが、今日は違うことがある。よく分からないから、もっと研究しなければと思う」。商品開発のエンジンは、旺盛な好奇心と「なぜ」を大切にする姿勢。個性に合った仕事と出合えた。

安全に爪切りできる猫用マスク、介護用具を着けたままでも食べやすい食器―。多彩なユニーク商品が、愛猫家の支持を得ている。

常識を排除したものづくり

「ｎｅｋｏｚｕｋｉ（ネコズキ）」。クロス・クローバー・ジャパンのメインブランドには「猫も好きになる商品」との理想が込められている。太野由佳子さんは開発を一手に担い、柔軟な発想で思いを形にしてきた。

「もふもふマスク」（商品名）は猫の爪を切るときに暴れないよう、顔にかぶせて目隠しをする布。「ずれて目にけがをしないように」「肌触り良く」と鼻、口の開口部を円形にしたり、布にはオーガニックコットンを使った。

猫に着けたときの姿が風変わりなため、最初は「動物虐待。販売の中止を」と抗議も受けた。それが今では動物病院も採用。２０１５年2月の発売開始以来、1万枚以上を売り上げるヒット商品になった。

マスクを上回る1番人気が「フェザーカラー」（同）だ。猫がけがなどをした際に、首に着けて患部をなめるのを防ぐ介護用具。機能性と着け心地を考えて異なる材質や大きさをそろえ、累計の販売数は約3万5千枚に達した。

これだけで終わらないのが太野さん。カラーを着けたままでも食べやすい食器と食器台を作ろう――。食器は滝沢市の磁器職人が微妙な傾きなど1個ずつ手作りし、食器台は奥州市の南部鉄器の工房が作る。「食べるときに猫が脚を前に出せるように、食器台は形の工夫が必要だった。小さくても重く、丈夫な材料を探し、南部鉄器にした」。猫にとってのベストが基本だから、太野さんのものづくりに〝常識〟はない。

インテリア性も重視し素材や規格を吟味すれば、

「もふもふマスク」（前列左）や「フェザーカラー」（中列右とマスクの左上）。自社の開発製品は約30種まで増えた

コストは上がる。セミオーダー品もあるため、商品は一般より高価格帯がそろう。

南部鉄器の食器台は約1万円、マスク約2千円、カラーは3千円台から9千円台まで。新潟県・諏訪田製作所製の爪切りは約1万円。トイレを覆う木枠と布カバーは県産ナンブアカマツの組み木造りで1セット10万円を超す（価格は税込み）。

太野さんが力を入れるのは説明だ。ホームページや会員制交流サイト（SNS）では、商品一つ一つについて用途や素材・規格の根拠を詳しく紹介。購入者の感想と「ネコ社員」が使う様子も併せ、よりリアルなアピールに努めている。

「値頃感を意識しつつ商品の価値、競争力がある部分をしっかり伝える。納得して買ってもらうことで、ブランド力も上がる」。「ネコズキ」の名に恥じない商品開発のため、妥協はしない。

自社工場を持たない同社。県内外の企業や工房、研究機関などが、太野さんにとって欠かせないパートナーとなってきた。

「餅は餅屋」全て外注

クロス・クローバー・ジャパンは猫用商品の開発・販売に集中し、製造は全て外注する。「うちのものづくりは発想ありき。自由度を失いたくないので、工場を持ったり、技術者を雇うつもりはない」。〝餅は餅屋に〟。太野由佳子さんの方針は明快だ。

現在は自社商品の生産、原材料の調達、商品の仕入れで県内外の計32事業所と取引する。猫用食器を作るのは、滝沢市木賊川《とくさがわ》の磁器製造「陶来《とうらい》」の代表、大沢和義さん（62）。太野さんとは5年ほど前にデザインのイベントで知り合い、製造を依頼された。

大沢さんは「使うのが猫でも、(作るところがなく) 困っているなら手助けしたいと思った。太野さんは猫に真剣に向き合って商品を作り、売り方もしっかりしている」と評価。工房の食器類では、猫用の出荷量が最も多いという。

久慈市中央のてづくり工房ｍｙｍ（マイム）は、トイレの布カバーやマスク、介護用カラーを受注する。店長の外里奈穂さん（44）は「手間はすごくかかるけれど、太野さんは完成まで私たちと一緒に考えて作ってくれる」と、作り手としての充実感を語る。

工場や職人らのネットワークを生かし、連携は大学、研究機関にも及ぶ。

太野さんが徹底するのが商品の安全検査。「ユーザーに聞かれそうなことを先回りして調べている」と、食器は県薬剤師会の検査センターで人間用の基準で調べた。キャリーバッグの耐荷重性は、山形県工業技術センターからお墨付きをもらった。

起業家が苦労する資金繰りは産業支援機関を通じ、さまざま

食器を作る磁器職人の大沢和義さん。「太野さんの商品開発は理解できないときもあるが、そこが逆にすごいところ」と語る＝滝沢市木賊川

な支援策を上手に活用してきた。

経営革新計画や公的なファンドの獲得、グッドデザイン賞など各種表彰制度に挑戦。第三者評価で銀行などに対する信用を高め、商品開発やブランド設立の資金を調達した。特許、商標、生産管理などの知識も貪欲に吸収してきた。

仕事を通じて多くの人とつながる。さぞ交友関係が広いと思いきや「困り事解決に必要な情報は外でなく、会社に集まる飼い主らの声の中にある。『当たり前』をすり込まれるのが怖いので、経営者の交流会などにはほとんど出ない」と淡々。猫のように他と群れず、愚直に仕事と向き合う。

商品の海外展開、消耗品の市場開拓、将来的な他分野への進出—。構想は広がる。

願いは人と猫の共生

クロス社は、自社商品の海外販売にも着手する。太野由佳子さんは「世界に猫は6億匹。商品がそろってきたし、不自由にしている猫がいるならやる意味はある」と意欲を燃やす。東京都内の海外向けネット通販のマーケティング会社と契約し、国や地域別の専用サイトを開設。まずはニーズや悩み事、検索ワードの調査・分析に重点を置く考えだ。ターゲット市場の一つが中東・ドバイ。宗教上の理由から猫が大事にされているという。太野さんは「現地の日本総領事館にメールしたら、猫商品はあまりないようで売れる雰囲気はあった。情報を自分たちで集め、戦略的にやりたい」と冷静に先を見据える。

２０１９年４月初め、悲しい出来事があった。飼い猫の「ネコ社員」１匹が死んだ。起業した05年に動物いのちの会いわてから預かって以来、育ててきた。

気付いたことがある。「うちの購買層は東京などの人がメインで、岩手ではあまり知られていないと感じていた。ただ、猫の死をネットで報告したら、陰ながら応援してくれていた人から多くの励ましをもらった。商品開発への期待の大きさも改めて分かった」

太野さんは目下、トイレに敷く猫砂づくりに注力している。なめたり、吸い込む心配から、現在も県産杉を使った無添加品を販売しているが「杉は赤茶色なので、仮に尿に血が混ざっていたときに分からない」

新しい猫砂用に、白地で猫がにおいを嫌がらない樹種を選定。消耗品の販売を広げてリピーターを増やす狙いもある。大学や企業と消臭効果のあるトイレ用シートの開発・生産

女性従業員と打ち合わせする太野由佳子さん（左）。新商品開発、海外展開など積極経営で成長を期す＝盛岡市菜園・クロス・クローバー・ジャパン

も目指す。

高めの価格設定から、クロス社の顧客層はお金に比較的余裕のある家庭が多いとみられる。一方で飼い主がなく、保護施設に預けられる猫は多い。

状況をどう整理しているだろう――。「商品は高くても、登場するモデル（ネコ社員）は、いのちの会からの譲渡猫。それをネットで伝えることで施設の猫を預かる人が増えてくれれば」。人と猫の共生の難しさを認識しつつ、今やれることをしていくつもりだ。

社名の由来は「四つ葉のクローバー」。「将来的に四つの事業をしたい」という思いを込めた。

「問題意識や立場を変えて見ると、いろんなことが気になってくる」。猫にとことんこだわるか、別の何かを始めるか。気鋭の起業家は、仲間たちと共に可能性を追い続ける。

【クロス・クローバー・ジャパン】猫用の商品を開発・販売。太野由佳子社長が脱サラし2005年に有限会社クロス・クローバーを設立。12年に株式会社化し、現社名にした。犬・猫用の輸入フードなどの販売事業からスタートし、その後、猫用品専門に。08年ごろから自社商品の開発を始め、首に巻く介護用のエリザベスカラー、爪切り時の猫用マスク、爪研ぎボード、トイレカバー、食器など幅広い商品をそろえる。主要ブランドは「nekozuki」。17年に経済産業省の地域未来牽引《けんいん》企業に選定された。資本金1千万円。従業員5人。20年2月期の売上高は6700万円。

会社の存在意義は、お客さんの役に立つ店であり続けること

小笠原弘明さん／小専商店（スーパーオセン運営・西和賀町）

スーパーオセンは西和賀町と北上市で、安さを武器に圧倒的な集客力を誇るスーパーマーケット。運営する同町湯本の小専《おせん》商店の社長、小笠原弘明さん（79）は「店はお客さまのためにある」をモットーに、より良い物をより安くを追求し、競争、変化の激しい小売業界で消費者から厚い支持を受け続けてきた。窮乏生活の中、経営の考え方や店づくりを根本的に見直し、人口減や高齢化による売り上げ縮小への危機感から北上に進出。飛躍の過程には、幾多の決断があった。家族、従業員と共に、いつも「感謝」を胸に歩んできた小笠原さんの経営者人生を追う。

【2019年6月7〜12日掲載】

「納豆1円」激安の誕生

一人の経営コンサルタントとの出会いが、全てを変えた。

1979（昭和54）年暮れ、小笠原弘明さんは江釣子村（現北上市）で開かれた講演会に出掛けた。テーマは2年後に開店予定だった大規模店・江釣子ショッピングセンターへの対応策。講師を務めたのが、商店経営指導センター（東京）代表の須田泰三さんだった。

須田さんは明快だった。「悪い品、古い品を安く売るのは当たり前。（大事なのは）良い品を安く売ること」「同じモノならどこよりも安く」「売る身でなく、買う身でモノを売れ」

湯田町（現西和賀町）湯本で営んでいた生鮮などの小売店は、借金漬けの自転車操業だった。日々の仕入れ代を捻出するため、値段の安い物を仕入れては安く売った。小笠原さんの頭には「早く借金を返して楽になりたい」という願望だけがあった。

「もうけたいと思って、もうかってますか?」。須田さんの問いを省みた。「人一倍もうけたいのに、そうなってない。それなら言う通りやってみようか」。須田さんが滋賀県で講演すると聞き、実弟で専務の高橋幸治さん(72)を行かせ、方針を共有した。

最初に始めたのは店の掃除だった。以前は商品を売ることだけを考え、なるべく金をかけたくないから店は汚く、薄暗かった。そしてモノの売り方を変えた。

納豆を1円で売った。客数を増やすために始めた激

「店はお客さまのためにある」を実践し、繁盛店「スーパーオセン」を育てた小笠原弘明さん=北上市流通センター

安の発想は、こうだった。

原価割れしても、そもそもの客が少ないから、たいして損はしない。せいぜい1回の飲み代ぐらい——。

「損するモノは一番見える所に置く」「仕入れた商品は客に伝える義務がある。チラシを作れ」。須田さんの教えを正直に実践した。

何より、利益に関する考えを改めた。「仕入れ費用が下がっても、大半の小売店は同じ値段で売る。須田先生には安く買ったら安く売れ、あなた方のような至らない店に来てくれる人に感謝しなさいと言われた」

安売りには、品質への疑問も寄せられた。しかし、ほどなく目に見えて客が増え始めた。一つ一つの商品の利益は少なくても、続けることで売り上げが伸びた。たくさん売れれば、仕入れ値は安くなる。経営が好転していった。

冬は地域が雪で閉ざされる悪条件下、昭和の終わりには売り上げを6億円ほどまで伸ばした。平成が始まった1989年、現在地に売り場を約3・5倍に広げた本店を新築。

店名も「スーパーオセン」へ。崖っぷちからの成長を形にした。

今や西和賀町と北上市のスーパー2店舗で年80億円を売り上げる小専商店。徹底した薄利多売と個性的な店づくりで、同業大手も一目置く存在となった。

卸売市場に通い半世紀

2019年5月下旬の平日お昼時。北上市流通センターのスーパーオセン北上店は15台あるレジに客が列をつくり、生鮮や総菜の売り場はカートを押す人たちで混雑した。

「昨日が休みだったから。1日待っても、うちを選んで来てくれるのはありがたい」。小笠原弘明さんが相好を崩した。

盛岡、一関方面にとどまらず本県沿岸、宮城、秋田に商圏は広がる。集客の秘訣《ひけつ》は―。小笠原さんは「安いとか、おいしいとか、接客の良しあしは、お客さんが決めること」と淡々。はっきり分かるのは、値段の安さと商品点数の多さだ。

この日のチラシは食パン65円、豚ロース100グラム99円、マーボー茄子《なす》丼230円（値段は税抜き）など、多くの特売品を紹介。店内には「お買い得品」の黄色い札があふれる。

野菜は棚からこぼれ落ちんばかりで、パック入りの魚や肉は積み重ねられて山に。定番の「250円弁当」など、全て自家製の総菜類も豊富に並ぶ。

「段ボールカット陳列」と呼ぶボール箱に入れた

平日昼にかかわらず、大勢の客でにぎわうスーパーオセン北上店。開店から14年がたっても、安さを最大の武器に支持を集めている＝北上市流通センター

ままの販売法、買い物に〝勢い〟をつける軍艦マーチの場内放送も独特。雑多で、どこか昭和の趣を感じる売り場は活気に満ちている。

来店客の多さは、「いいモノを安く売れ」という経営コンサルタント須田さんの経営理念を体現してきた証し。最大の鍵は仕入れにある。

小笠原さんは今も毎朝3時半に起き、自宅のある西和賀町から専務の高橋幸治さんと一緒に、盛岡市の中央卸売市場に通う。自身は5時から7時すぎまで、全国から集まった魚介類を見て回り、卸売業者と1対1の交渉で買い入れる。

魚を触り、鮮度を確かめる。流通量や天気予報などを踏まえた入荷予測から、出荷者が望む販売価格と卸売業者の思惑を探る。

「業者が売り切りたいと思えば仕入れ値は下がる可能性があるし、市場には大手スーパー向けだけではさばけなかった魚が残っている」。市場通いは半世紀を超える。同業者の関心も高いビジネスモデルは、一朝一夕ではまねのできない経験に裏打ちされている。

魚に限らず、メーカーや問屋にとってオセンのように短期間に大量の商品を売り切る力のある店は、頼もしく便利でもある。そこにも、より安く仕入れるチャンスが生まれる。仕入れは勘や駆け引き、市場原理だけでは決まらない。小笠原さんは取引先が不義理や高飛車で消費者、従業員のためにならないとみれば、ナショナルブランドでも扱わない。

「品ぞろえは大きい店に任せればいい。納入する側も仕入れる側も、付き合うなら良い人がいい。あいさつや気配りができる、いじわるをしない、困っている時に助けてくれる。そういうことが一番大切だ」

市場には、年の離れた卸売業者に頭を低くする小笠原さんの姿があった。

今の会社があるのを、「借金のおかげ」と語る小笠原さん。苦しくても、逃げずに働いた。

「逃げたら信用はゼロ」

小笠原弘明さんは1940（昭和15）年、祖父の専治さんが魚の行商を始めた湯田町（現西和賀町）湯本で生まれた。3人きょうだいの一番上。北上市の親戚宅から黒沢尻北高に通っていた頃は、卒業後は町内のこけし工場で働こうと考えていた。

父親の誠さんに進路を相談した時、初めて現実を知った。「こけしを作りたい」と話すと、「借金があるから駄目だ」と一蹴された。結核で10年ほど闘病した母親の医療費がかさみ、家計は借金で火の車になっていた。寝耳に水だった。

水沢市（現奥州市水沢）の食品スーパー高豊に〝でっち奉公〟に出された。配達や鮮魚部門で1年ほど働いた。期間は短かったが、貴重な出会いがあった。その後、東京の料亭などで約2年働き、20代前半で本格的に家業に入った。

現実は厳しかった。原因の一つが、代金後払いの「掛け売り」。魚や野菜を中心に扱っていた。売り上げの多くを地域の温泉旅館などに頼り、その取引の8割方が掛け売りだった。

旅館経営も千差万別。鉱山などで栄えた温泉街に、時代は向かい風だった。「集金に行っても、なかなか払ってもらえないことがあった。一方で市場は仕入れの支払いを待ってはくれず、銀行は金を貸してくれなかった」

市場への支払いが滞り、商品を思うように調達できなくなったこともあった。現金収入を増やしたいと、弟の幸治さんはトラックで移動販売に歩いた。小笠原さんは沢内地区の農家とナメコの取引を始めた。夕方から集荷に出て、深夜に家族で袋詰めした。早朝から国道4号沿線

1982年当時の店舗。掃除や価格設定を見直し、経営は徐々に改善に向かった＝西和賀町湯本（小専商店提供）

の市場を回ると、睡眠時間は2時間ほどしかなかった。

忘れられないことがある。ある日、妻のノリ子さん（71）と借金返済の相談をしていた。幼い3人の子どもたちが貯金箱を持ってきた。「これ使って」。涙をこらえた。「子どもはよく見ているな」。ぐっと思いをかみしめた。

一時は家と店を売っても返済しきれない借金があった。小笠原さんはつらいとき、心で反すうしてきた言葉がある。

「逃げたら、信用はゼロになるよ。借金は人の倍稼げば（働けば）必ず返せる」。高校卒業後に世話になった高豊の社長、高橋治右衛門さんの教えだった。

小専商店は80年代以降、経営が着実に上向き、隣県からも客が訪れる繁盛店となった。2004年、北上市に出店。小笠原さんは還暦を過ぎ、新たな挑戦を始めた。

〝新参者〟への圧力

北上市流通センターのスーパーオセン北上店は店舗が敷地の北側に片寄り、南側は広い駐車スペースになっている。小笠原弘明さんは理由を語る。

「真ん中に建てた方が良かったが、自信は一つもなかった。はやらなければ、空いている土地を誰かに売れるようにと考えた」

売り場面積は湯本の本店の2倍以上の約1700平方メートル。湯田町（当時）以外への進出も、これだけ大きな店の営業も初めてだった。投資額は約6億円。確たる見通しのないまま、本店の休業日に合わせて2004年12月15日に開店した。

予想はいい意味で裏切られた。オープン初日。2500人ほどと見込んだ来店者は「史上最高」の約9500人に達した。

店内は人で埋まり、周辺は激しい渋滞でクラクションが鳴り響いた。総菜や1パック

60円（税抜き）の卵など、特売品は用意した数千個が昼までに売り切れ、入場を制限した。

「しっちゃかめっちゃか。従業員も素人が多く、年末までは毎日が〝戦争〟だった」。小笠原さんは冷や汗をかきつつ、夢中で乗り切った当時を振り返る。

10円未満もあった激安品目当ての客は多く、1人当たりの販売単価は低かった。それでも、妻で監査役のノリ子さんは、こう確信している。

「湯本の評判が良かったから、北上も評判になったのだと思う」。北上の人たちが、オセンを待ってくれていたからこそのスタートダッシュだったと―。

スーパーオセン北上店が2004年の開店当時に出した販促チラシ。消費者へのメッセージ風の文言が話題を呼んだ

低価格を売りにした新参者は、市内の同業の大手、中堅に波紋を広げた。反応は「圧力」として降りかかった。頻繁に〝偵察〟がやってきた。一方でメーカーや問屋の担当者が店に顔を出さなくなり、売価を高くするよう求められもした。

ある日、国の機関から電話がかかってきた。チラシ表示が詐欺的―。当時の一般的なスーパーはチラシの価格表示が税込みだけだったが、オセンは税抜きと税込みを両方書き、特に税抜き価格を大きくしていた。

小笠原さんには、取引先から「大手が表示の件でオセンをやっつけると話していた」という情報が寄せられていた。こんなせめぎ合いがいくつもあった。

小笠原さんは、したたかだった。「外部の圧力強くなってます　どうせオセン　生き残ることは考えてません　命あるかぎり正しい商売　めざして歩みます」。雑音を逆手に取り、チラシを使って消費者に現状を包み隠さず訴えた。

「日本人は弱い者の味方。小さいところが大手に食らいついていると思えば応援してくれる」。確かな戦略があった。

小専商店の名は小笠原さんの祖父、小笠原専治さんの姓名から名付けられた。経営は今も家族が柱だ。

家族と社員の支え

小笠原弘明さんが苦楽を共にしてきたのが、実弟の高橋幸治さんと妻のノリ子さん。小笠原さんの長男、東《あずま》さん（46）は3人を「（オセンの）カリスマ」と呼ぶ。

専務の高橋さんは宮城・東北高を卒業し、すぐに家業に入った。現在のような薄利多売にかじを切る時も、北上市に店を出すときも「駄目ならやめればいい。やってみよう」と、小笠原さんの背中を押した。

今も朝は一緒に盛岡市の卸売市場に通い、小笠原さんは水産物、高橋さんは青果を仕入れる。北上店はオープン以来2人で常駐し、地域の役に立つ店づくりにまい進してきた。「専務は高校時代は野球部だった。体力があり、朝から晩まで働いても少々のことではへこたれなかった。地域との付き合いも任せてきた。今日あるのは専務のおかげだ」。小笠原さんは全幅の信頼を置く。

ノリ子さんとは1970（昭和45）年、親戚の紹介で結婚した。貧しさの中、八つ下の若妻も最初から「一戦力」だった。3人の子育てをはじめ、レジ、請求書の作成・集金、総菜づくりなど多くの仕事を負わせてきた。

ノリ子さんは現在、東さんと2人で湯本の本店を切り盛りしている。「北上店と同じことをする必要はない。お客さんと従業員の関わりは本店の方が強い」

ノリ子さんはそう言って「お父さんには『私たちは死ぬまで（頑張るん）だよ』と話している」。胸に「感謝」と書いた赤いエプロン姿で笑った。

支えとなったのは、家族だけではない。経営コンサルタントの須田泰三さん、高豊社長の高橋治右衛門さんと並び、小笠原さんが「最高の恩人」と感謝するのが北上市の税理士で、小専商店の取締役も務める高木晃三さんだ。

　昭和40年代前半から財務や資金調達の計画作成などで世話になり、北上店の用地も紹介してもらった。

　高木さんは1986年、岩手日報の企業企画「めざせ一番店」でオセンを次のように評した。「(鮮度や安さなど)商店経営の基本に徹し、顧客の信頼を得ているのが最大の強み」。小笠原さんはこの後も業績を伸ばし、恩に報いた。

　小笠原さんは昭和の時代から、パートを含めた社員の慰安旅行を行ってきた。東日本大震災の年も休まなかった。

北海道への社員旅行の様子。社内の親睦のため昭和の時代から続けている＝2007年6月（小専商店提供）

「同業ではほとんどなくなったが、社員旅行は中小企業の楽しみだし親睦が図られる。うちが借金を返せたのは従業員ら、みんなの力」。旅行は店単位で毎年6月の定休日に1泊2日。2019年は新潟と栃木を巡った。

独自のビジネス手法を確立し、消費者の支持を集める小専商店。ただ人手不足の中、働き方改革、キャッシュレス対応など逆風も強まっている。

中小スーパーへの逆風

「北上店はずっと右肩上がりだったが、ここ2年は売り上げが落ちてきた。店への飽きがあるかもしれないし、何より人手不足が大きい」。小笠原弘明さんが声のトーンを上げた。

２０１８年、初めてベトナム人の技能実習生４人を採用した。それでも人は足りず、作れない総菜が出てきた。人手を確保するために、19年から定休日を月１回から２回にし、閉店時間を早める月を増やした。

休日増と営業時間の短縮は、さらなる売り上げの低下につながる。

小笠原さんは「小売り大手に定休日がないのが一番の問題」と強調。その上で「従業員は会社に利益を出してくれる存在。店が厳しいからと言って人を減らして利益を出そうとすれば、かえって衰退する」

苦渋の判断の陰には現状への危機感とともに、従業員が客と関わりながら売ることが小売業の基本という信念がある。

逆風が強まる訳は他にもある。オセンのレジは現金のみの対応で、ポイントサービスもない。消費税増税と絡めた国のキャッシュレス決済の導入要請は悩ましい。

「人手不足対応というが、（カード会社などに）手数料を上げられれば薄利の中小スーパーはみんな干上がる。働き方改革にしろキャッシュレスにしろ、国はできないところは倒産してもらって構わないという姿勢ではないか」

人口減によるマーケットの縮小、ネット通販など異業態との競争もある。〝時代の流れ〟では割り切れないいらだちは膨らむばかりだ。

2020年春で80歳。2、3年後に、長男で常務の東さんに事業を引き継ぐ方向で検討している。

顧客の厚い支持を受ける半面、いまだ家族経営の色合いは濃い。社内の組織体制などは十分でなく、企業として持続するため、後継者は新たな役割も担う。

ただ、小笠原さんは東さんに対し「期待はしていない」と言い切る。

「スーパーは一代限りのような商売で、先々のことは分からないから的確なアドバイスはできない。会社の存在意義は、お客さんの役に立つ店であり続けること。どうやるかは、これからの人が考えることだ」

荒波に向かう息子に、自由に思い切った経営をしてほしい――。「期待なし」は、そんな親心の吐露でもある。
人手が足りず最近、総菜作りの現場に立つようになった。「俺にがつがつ言われながら、みんなよく稼ぐ。かわいくなる。若い人と一緒に仕事をして、人生を楽しく過ごせるのが一番」。自称「パートのおじちゃん」は、今日も背中で異色のスーパーを引っ張り続ける。

【小専商店】食品や生花、日用品販売のスーパーマーケット「スーパーオセン」2店舗を経営。創業は小笠原弘明社長の祖父、専治さんが1933（昭和8）年ごろ、湯田町（現西和賀町）湯本で魚の行商をしたのが始まり。67年に有限会社化。89年に同町湯本の現在地へ湯本本店を移転新築。店名をフードショップオセンからスーパーオセンに変更した。2004年12月に北上市流通センターに北上店を開店。資本金1千万円。従業員（パート含め）181人。20年2月期の売上高は80億円。

地方で働くなら、
職場は楽しさがないといけない

十文字保雄さん／十文字チキンカンパニー（二戸市）

本県の農業産出額のトップは鶏（ブロイラー＝肉用鶏、鶏卵など）。二戸市石切所の十文字チキンカンパニーは採卵から肉の加工処理までをトータルで行い、全国を代表するブロイラー企業として成長を続ける。2代目社長の十文字保雄さん（56）は創業者で実父の健助さん（85）＝会長＝が築いた企業基盤を土台に、経営の近代化、業界のイメージアップに励んできた。自らを「超現実主義」と評し、冷静に、時に大胆に社業の今と未来を見つめ、決断してきた十文字さんの歩みを追う。

【2019年7月14～19日掲載】

赤字転落、未熟さを痛感

十文字保雄さんが父の健助さんから事業を引き継いだのは入社17年目、38歳の時だった。取締役経営企画室長、副社長として地歩を固め、自ら望んだ社長のいすだった。

就任1年目の決算。好調な市況と自ら仕掛けた特別生産の銘柄鶏事業が貢献し、4億円近くの黒字を出した。「俺って天才かも、と有頂天になった。現場を分かっていなかった」

年100件ほどあったクレームを「ゼロ」にしようと社内に号令した。10年来の懸案だった新社屋の建設も、就任後間もなく手を付けた。翌年、落とし穴が待っていた。

就任2年目の2003年12月期に4億5900万円、決算期の変更に伴う翌04年3月期に1億9800万円の赤字に陥った。ブロイラーは消費動向や輸入量、飼料価格、鶏の飼育成績などで相場が変動する。相場の下落に同業者の苦戦も耳に入っていたが、ふたを開けると赤字は自社だけだった。

経営を離れていた健助さんが役員会に来て、発言をするようになった。何から手を付けるべきか──。思い出したのが京セラを創業したカリスマ経営者、稲盛和夫さんのことだった。

副社長時代から稲盛さんの経営塾に参加していたが、共感はしていなかった。スマートに行動し、無駄な努力はしない。そんな人生観の十文字さんにとって「稲盛さんの経営12カ条にある『燃える闘魂』などは世界が違うと感じていた。内容も真面目すぎると思った」。

赤字に落ちて目が覚めた。頭だけで考え、実践を伴わない自分の未熟さを省みた。九州の同業者を視察したり、人材育成の講座で缶詰めになった。

社員全員での清掃や大きな声での朝礼、合宿形式の研修など、それまで敬遠していた体育会系の〝風〟を取り入れた。社員に力を出してもらう、目標へのベクトルを合わせるという経営者の役割を見つめ直した。

「現場任せでコスト意識が甘くなっている」と感じ、業務の改善活動も始めた。成果をボーナスと連動させて工場作業の省力化、肉の歩留まり率の向上に注力した。導入が遅れていた鶏の下半身を処理する機械も採用した。

改善活動の効果は05～07年度の3年間で、目標を上回る25億円強に達した。「やればできる」。04年3月期を最後に赤字はない。

積極投資で今や鶏の処理羽数で全国五指に入る十文字グループ。豊富な人員が高い生産性を支えている。

手作業でも利益を確保

鹿児島、宮崎に次ぐ全国3位のブロイラー産地の本県。十文字チキンカンパニーは

2019年度、県内でトップ、国内でも4位相当の年間5600万羽（前年度比約300万羽増）の処理を計画し、県北地域の基幹産業をけん引している。

同社のような鶏肉の一貫生産はインテグレーション（垂直的統合システム）と呼ばれる。大規模経営の象徴が、2017年に105億円の巨費で増設した久慈工場＝久慈市小久慈町＝だ。

久慈工場の1日当たりの処理羽数約10万5千羽は国内随一。今後は12万羽までの増産を見込む。肉の加工処理部門で働くのは中国人の技能実習生約90人を含む女性中心の400人強。清潔感ある作業着姿のスタッフが整然と鶏を処理する。

十文字さんが「業界はフォーマットができている」と話す通り、鶏肉製造は成熟産業で差別化が難しい。十文字さんが同社の特長と位置づけるのが、手作業によるむね肉のカットだ。

鶏の処理は、1羽からどれだけの商品を取れるかの「歩留まり」が収益を左右する。肉が骨に付いて捨てられたり、血の付着や形の悪さで規格外に分類されるものが増えれば売り上げは落ちる。

「もも肉などの下半身は機械処理で構わないが、むね肉を取る上半身は機械加工のレベルが上がっていない。うちは人がそろっているから、人件費がかかっても適正な歩留まりによって利益を確保できる」

人手不足が叫ばれる中、同社の強みは人を集める力。正社員がほとんどで、賞与も手厚いという。

人と機械では、むね肉の処理で利益の差が数億円（3工場の合計）に上る。久慈工場は増設に伴い、あえて機械加工を縮小した。

「処理羽数で日本一」。生産規模を右肩上がりに増やし、十文字さんは会社の内外に目標を公言してきた。ただ現実を見ると、その険しさは承知している。

むね肉を含む鶏の上半身の加工処理工程。１羽ずつ手作業で丁寧にカットし、収益アップにつなげている＝久慈市小久慈町・十文字チキンカンパニー久慈工場

「新しい工場を建てても働き手を純増させるのは難しい。M&A（企業の合併・買収）も可能性はあるが、業界全体が元気で再編の機運は高くない」

十文字さんは自身の性格を「世の中の流れを見て、クールに考えるタイプ」と言う。経営の効率性や適切な利益を得る立場から、父親から引き継いだ事業でも果断に整理してきた。

健康をアピールするため鶏に抗生物質を与えない取り組みは、コスト高の割に市場の評価を得られず、一部の銘柄鶏を残して撤退。唐揚げなどの加熱加工部門は利益が少なく、生鮮販売の方が輸入品に対する競争力が高いという考えから中止した。輸入肉などの販売からも手を引いた。

入社から30年以上がたつが、工場などの現場を指揮した経験はない。

「自分は経営者であり、オーナー。現場で働くことは考えたことがない。社員が気持ちよく働けるとか、地域やお客さんに思いを寄せるとか、会社の文化をつくるのが私の仕事」

財務や人づくりなど企業としての体質を強くし、社員を幸せにし、地域の役に立つ―。

本県トップの鶏肉企業には、時代を俯瞰《ふかん》し、淡々と責務に向かう2代目の姿がある。

大学を卒業してすぐに家業に入った十文字さん。働き始めると、そこは嗜好《しこう》と真逆の世界だった。

意識を変えた英国研修

「子どもの頃からデザインやオーディオなど都会的で新しいものが好きだった」。十文字保雄さんは大学を出て十文字チキンカンパニーに入るまで、家業についてよく分かっていなかった。

3人きょうだいの一番上で、男は自分一人。会社は当時、経営的に厳しく、父親の健助さんは十文字さんに、就職せず家を手伝うよう強く望んだ。

跡取りは自覚していたが、動物を育てる仕事は異世界に思えた。大学は東京。すぐに家業に入ることへの葛藤もあった。最後は「事業家」という存在に魅力を感じ、気持ちに区切りを付けた。

工場や農場を回り、ブロイラー産業の現実を目の当たりにした。鶏の病気の検査もされていなかった時代。生来のきれい好きにとって、衛生環境などには違和感を持った。

入社2年目の1987年、父に請い、英国にある同業大手で半年ほど生産や販売の実習を積んだ。「200万円ぐらいかかったはず。業界での海外研

英国の研修先で農場管理担当者と写真に納まる十文字保雄さん（右）。「半年で10年分ぐらいの勉強ができた」と振り返る＝1987年（十文字さん提供）

修は当時珍しく、父親は先進的だったと思う」。期間は短かったが、中身は濃かった。英国流のスマートさ、一流の経営を体感した。

帰国後、社内で企業イメージを高めるコーポレートアイデンティティー（ＣＩ）の導入を訴えた。

「当時の社名は『十文字養鶏』で、マークはさえないひよこ。あか抜けている同業者もあるのに、自分のところは格好悪いと感じていた」。91年、同社は社内公募で社名を十文字チキンカンパニーに、ロゴマークも鶏が顧客に頭を下げる今のデザインに変えた。

平成初めのバブル景気の中、同社は工場の新設やブラジル進出など積極的な投資で借り入れを拡大させた。その後、バブルは崩壊。中国やタイからの輸入が増えて相場が下がると、決算がたびたび赤字になった。リストラにも迫られた。

経営企画室長の肩書があったが〝次期オーナー〟は自由な立場。社外との関係づくりが主だった。

「うちは事業規模こそ大きいが、飼料のレベルや建物・設備で劣る面があった。会社はつぶれるかもと思ったし、自分は若いから、つぶれるなら早くつぶれてほしいとさえ思っていた」。現実主義の十文字さんらしい本音があった。

経営は持ち直し2002年1月、社長に。30代後半で従業員約1800人の生活を支える立場になった。

それから17年。「2代目としての苦労は感じたことがない」。現状を自然体で受け止めることで心の調和を取り、できることを積み重ねてきた。

若くして鶏に商いの可能性を見いだし、本県を代表する食品企業を育てたのは父親の健助さんだ。

スタートは採卵養鶏

鶏肉業界は、餌を販売する業者が後から鶏の飼育や肉の加工処理に参入するケースが多い。十文字チキンカンパニーは業界では珍しく、農家から出発した。

健助さんは１９３４（昭和９）年、二戸市内の畑作農家の長男として生まれた。鶏を意識したのは中学生の時。体調を崩し、栄養をつけるためにと食べさせられたのが鶏の卵と肉だった。

高校は行かず、16歳で自ら鶏を飼い始めた。卵を売るのが目的の採卵養鶏で、20代半ばには従業員を雇い３千羽規模で本格化させた。しかし数年たつと、食生活の変化に気付いた。

「駐留米軍の影響もあり、国内で肉の柔らかいブロイラーが食べられるようになっていた。卵をやめて肉の生産一本にしたのは本能のようなもの」と健助さん。この判断が奏功した。

農場の開設に奔走した。工場を造り、毛をむしった状態の屠体《とたい》ではなく、骨や余分な脂を取った正肉《しょうにく》の出荷に切り替えた。餌の仕入れが課題だったが「実家が本家で田畑や山林を所有していたから信用された」。代金後払いの取引ができ、経営を助けた。

経済成長の波にも乗り、生産は順調に伸びた。「ブロイラーの飼育は農場で真っ黒になって働く。工場作業も大変さがあり、当時はみんなやりたくない仕事だった。（生産者が限られるから）東京の商社にどんどん作ってくれと頼まれた」

75（昭和50）年に「十文字養鶏」として有限会社化した。十文字保雄さんは父親について「常識にと

十文字チキンカンパニーを創業した十文字健助さん。「（社長の）保雄には数字を追うのではなく、社員、農場の人たちの幸せを考えた経営をしてほしい」と語る＝二戸市石切所

らわれない。既存のものを壊していくタイプ」と語る。

会社化の翌年に始め、現在も続く「作業班システム」に先進性が表れる。

このシステムは協力会社の社員が班をつくり、農場からの出荷時に農家に代わって鶏を捕まえたり、鶏舎の清掃・消毒、ひよこの受け入れ準備などを行う。農家の労務負担の重さにいち早く気付き、面倒見を良くすることで契約農場などの拡大につなげた。

鶏ふん堆肥の製造も軌道に乗せた。一方、商社と進めたブラジルでの鶏肉生産は現地のインフレや不正があり5年で頓挫。1億円の〝授業料〟を払った。

社長業を譲った2002年以降は事業から離れていたが、久慈工場の増産に伴う鶏の需要増に自分の出番を直感した。

2016年に80歳を過ぎて農場運営の新会社を設立。羽数拡大のため、意欲ある若手農家らに総額億単位の資金も工面した。「自分は百姓の出。85歳でもまだやっている」。笑みの奥に生粋の農業人の自負がにじんだ。

2011年3月の東日本大震災。十文字チキンカンパニーは鶏の大量死に直面した。

餌工場が被災、大打撃

鶏の死360万羽（評価額4億円）、売り上げ減少27億円、鶏舎被害2千万円。十文字チキンカンパニーは、東日本大震災で過去にない損害を負った。「八戸の餌工場が被災し、お手上げだった」。十文字保雄さんは無力さを突き付けられた当時を語る。

ブロイラー生産に欠かせない餌と、鶏舎を暖めるLPガスなど燃料の供給が途絶えた。当初は農場からの出荷を前倒しして、加工処理工場を動かした。しかし3月下旬になると、約130の農場から鶏の餓死の報告が相次ぐようになった。多い日で1日21万羽。ふ化したばかりのひよこも衰弱して大量死した。

処理する鶏がいなくなり、4月は予定の半分も工場を稼働できなかった。餌の調達の安定までに1カ月以上を要し、収入を確保するため普段は体重約3キロで処理する鶏を1キロ台でも解体した。

東京電力福島第1原発の事故が混乱に追い打ちを掛けた。放射能への懸念から中国人の技能実習生の間に帰国を求める声が殺到。十文字さんは受け入れ機関の幹部らと工場に出向き、説得に当たった。

「現地にいる家族が心配した。岩手は安全だし、工場が動かなくても賃金は払うから残ってほしいと話した」。訴えは伝わり、帰国者はごく少数にとどまった。

幸いしたのは、主力の県北部の農場や工場に目立った被害がなかった

手日報　2011年（平成23年）4月4日（月曜日）　総合　（2）

餌不足 ブロイラー被害
地元穀物で克服例も
県内大手

震災の影響で、ブロイラーの被害が拡大している。飼料供給の拠点である八戸市や宮城県石巻市の大規模飼料工場が津波で被災し、餌の供給が一時ストップ。停電や燃料不足で暖房が使えなかったことなども重なり、大手養鶏業者ではブロイラーが140万羽以上死ぬ被害も出ている。一方、物流機能がまひする中、国産飼料の備蓄を被害軽減につなげた業者もあり、今後は輸入飼料に頼る現状の再考も必要となりそうだ。

二戸市の十文字チキンカンパニーは、八戸港の飼料工場が被災し、餌の供給が停止。これまでにブロイラー140万羽以上が死んだ。現在は飼料工場の復旧が進み、餌の供給は回復しつつある。

同社は年間出荷数4500万羽を誇る県内最大手だが、生産部の諏訪忠明次長は「出荷できるブロイラーが減り、震災以前の状態に戻るめどは立っていない」と、先を見通せない状況だ。

ブランド鶏「南部どり」を出荷する大船渡市のアマタケは、農場は内陸部にあるため被災を免れたが、餌不足で処分しなければならないブロイラーが100万羽近くに上るとみられる。

同市内の鶏肉処理工場は浸水して稼働できないため、餌を種鶏2万羽へ集約して必要量を確保。東京本社の岡本洋総務部長は「大船渡の事務所も徐々に動き出した。種鶏場だけは死守し、再興への計画を立てたい」と対策を急ぐ。

農林水産省によると、トウモロコシなど穀物飼料は約90%を輸入に頼る。東北では八戸、石巻などの港湾ターミナルが輸入飼料供給の拠点として、各地への運送や備蓄などを担っている。

洋野町のニチレイフレッシュファームも震災後10日ほど八戸からの餌供給がストップ。だが、地元農家と連携して飼料米を導入しており、備蓄米で乗り切ることができた。同社の田辺弥社長は「輸入穀物に頼っていては、途端に飼料が無くなることを思い知らされた。飼料米がこんなに早く戦略物資になるとは」と胸をなで下ろす。

東日本大震災による鶏肉業界の被害を伝える2011年4月4日付の岩手日報。餌の供給停止や燃料不足が直撃した

こと。銘柄鶏の生産などを除けば、5月半ばには通常の運営に戻った。取引先の理解もあり、販路が維持されたのは大きかった。

震災から学んだものとは―。「20億とか30億の損失を予想したが、今なら金融機関は支えてくれると思った。平成の初めのような財務が悪い時ならアウトだった」。経営者として利益を出し、常に一定の内部留保を蓄えておくことの大切さが教訓の一つになった。

災害を逆手にも取った。「経営は環境の変化にどう対応するか。世の中の要請に応えるためのマーケティングが重要だ」。復興の補助金を活用して2017年に久慈工場を増設した。現在は2020年夏の稼働を目指し、久慈工場の隣に業務用のスープ工場を建設中。軽米町への鶏ふんバイオマス発電所の整備も、自然エネルギーへの優遇政策に反応した。

食肉の製造は自然災害に限らず、動物の病気や偽装などの不祥事が起きれば打撃を受ける。ただ十文字さんは「ルールを守って作るのが第一。仮に鳥インフルエンザなどが起きても（感染に関する情報などが）社会的に啓発されており影響はあまりない。会社がつぶれることはない」とさらり。築いた安定経営への自信が弁を支える。

堅調な鶏肉業界。十文字さんは消費者の国産への評価を最も気に掛ける。

地域に喜んでもらいたい

鶏肉業界は国内のブロイラーの年間処理羽数が約7億羽に達し、輸入量も右肩上がりが続く。健康志向の波に乗り、最近は「サラダチキン」が爆発的にヒットした。

「育種改良が進歩して鶏の成長が良くなり、収益性が高まっている。無駄なく、いい物を作れているチキン業界は今後、（産業の）メインストリーム（主軸）になりうる」。十文字保雄さんは前向きに展望を語る。

実際、規模拡大を望む飼育農家は増え、十文字チキンカンパニーを辞めて農家に転じる人まで。農場数でみれば外部の契約農場が直営を上回り、鶏舎整備など初期投資が重い半面、飼育の〝腕〟があれば高収入を見込める世界だ。

同社は自前の販売網を持たない。製品は全て卸売会社を経由し、7割以上は首都圏へ。「菜彩鶏《さいさいどり》」などの銘柄鶏も、販売先によっては別名で売られるケースがある。県内での製品流通は限られている。

商品を通じた地元との関係が弱い中、2016年から「感謝デー」を始めた。県内3工場で同時開催する格安の直売会で、6月末に開いた19年は過去最高の計6300人が来場。一部の会場周辺では渋滞も起きた。

公私の充実を大切にする十文字保雄さん。本社の壁に書かれた来訪者メッセージは、社員に自社と社外との関わりの強さを伝える＝二戸市石切所・十文字チキンカンパニー本社

十文字さんは「地域に喜んでもらいたい。工場で毎日働いている若い社員には地元を意識し、お客さんとの付き合い方を学んでほしい」と意図を込める。

地元への貢献は雇用が大きい。少子化や人口減の中、同社は毎年多くの新卒者を受け入れてきた。２０１５年以降の５年間の採用は総合職の大卒で22人、工場などで働く高卒は２０３人に上る。

「僕は工場に行くと、ひたすら従業員に『お疲れさま』と声を掛ける。気持ちよく働ければ、肉を切る丁寧さは変わる。改善活動もゲーム感覚を取り入れる。地方で働くなら、職場は楽しさがないといけない」。給与などの待遇とともに、常に気に留める雰囲気づくりがリクルートの力だ。

あと10年は社長を続ける考えでいる。成長に手応えを感じつつ、変化の激しい時代に課題も認める。

「国産は鮮度の良さと安全面で優位にあるが、大事なのはこれが続くかどうか。消費者がコストを重視して輸入品で良しと思えば状況は変わる。人口減の影響は消費動向のほか、（工場の前半工程や作業班を担う）協力会社などの人手不足を懸念している」

徹するのは時流に即した柔軟で機動的な経営。そして「努力が報われる、幸せが感じられるように導きたい。好きなことをして、いい人生を送ってほしい」。

経営の傍ら車やオーディオ、ゴルフなど趣味を謳歌《おうか》。社員ともども公私の充実が、会社の生き残りと発展に資すると信じる。


【十文字チキンカンパニー】ブロイラー（肉用鶏）の採卵、ふ化、飼育、加工処理を行う。創業者の十文字健助さんが１９６０（昭和35）年に卵を販売する採卵養鶏を始めたのがきっかけ。その後、肉用鶏に事業転換し75年に有限会社十文字養鶏を設立。91年に株式会社化、現社名にした。県北地域を中心に種鶏場（25農場）、孵卵場《ふらん》（２カ所）、生産農場（１７８農場。直営以外含む）を運営。肉の加工処理工場は久慈、八幡平、二戸の3カ所（共同出資工場含む）で2019年度の年間処理羽数は5570万羽。鶏ふんバイオマス発電所も運営。資本金1億円。従業員1692人（パート、外国人技能実習生含む）。20年3月期の売上高462億円。

お客さんに聞かれたときに『ない』とは言いたくない

桜糀哲也さん／姫園芸（花工房らら倶楽部運営・雫石町）

雫石町長山の「花工房らら倶楽部《くらぶ》」は花苗の生産直売や農家レストランの運営を通じ花の魅力、豊かな自然の恵みを発信する。「花工房―」を運営する姫園芸の社長、桜糀《さくらこうじ》哲也さん（65）が1997年、英国の施設を参考に温室での花苗販売を始め、順次施設を拡充。県内外から年間約15万人の愛好家が来場する地域有数の観光スポットに成長した。町の農業、長山地域の盛り上げにもリーダーシップを発揮し、今も現場の一線に立ち続ける。花に魅了され、常に新しい価値あるものの提供に心を砕いてきた桜糀さんの歩みを伝える。

【2019年8月16～20日掲載】

あらぬ疑い「なにくそ」

花苗の生産直売やレストランの運営は、開業して程なく軌道に乗った。桜糀哲也さんは「何をやっても面白くて、どこか有頂天だった」と当時を思い返す。開業から4、5年がたっていた。売り上げは約1億円まで伸びていた。6月のある日「事件が起きた」。

施設を見知らぬ男性が訪れた。県南部の刑事を名乗った。「私が来たのに心当たりはありますか」。意味が分からずにいると「あなたの店でこんな物が売られている」。聞けば、国内で栽培が禁止されているソムニフェルム種、いわゆるケシだった。あへん法違反の嫌疑が掛けられていた。青天の霹靂《へきれき》だった。

違法に作り、売りさばいているのではないか―。取り調べの日々が始まった。仕事をしながら1週か10日に1度、警察に呼び出された。

「ベテランの警察官で強引だった。最初からわざと（栽培している）だろうと。テレビ番組そのままだった」。調べは家族や従業員、近所の住民にも及んだ。農場を調べられると実際、何株か問題のケシが見つかった。

原因は同じケシの仲間で規制外のオリエンタルポピーの種。英国の小さな園芸店で買って持ち込んだ中に、ソムニフェルム種が混入していた。「違和感はなく、別の品種が入っているとは思いもしなかった」

取り調べは3カ月ほどに及んだ。結果的に疑いは晴れた。安堵《あんど》する一方で「人生を否定されるようなことを言われ、惨めな思いをした。従業員にも心配を掛けた」。悔しかった。胸に湧いたのは反骨心だった。

事業の拡大にかじを切った。客に恵まれ、従来の温室一つの売り場ではニーズに応えきれなくなっていた。ただ以前なら、現状に満足する意識も強かった。

「今の規模でよしとするか、大きくしてお客さんに喜んでもらうか。警察にいじめられ、なにくそと思った。目覚めて、決めた」

事件から1年ほど。自己資金約600万円で、販売専用のハウス2棟（約1700平方メートル）などを整備した。収穫期が季節で偏る切り花の扱いはやめ、花苗に特化した。品ぞろえの充実で、来店者がはっきりと増えた。ピンチをチャンスに変えた。「東北最大級の花の直売所」をうたう花工房らら倶楽部。英国のナーセリー（種苗自家栽培販売所）をモデルにした。

ナーセリーに魅せられて

美しい花や草木に囲まれながら、家族や友人とゆったり食事を楽しむ。「びびっときた」と桜糀哲也さん。40歳を前に訪れた英国で、理想と出合った。

「ナーセリー」は花苗などの生産直売所。桜糀さんによると、レストランを併設するケースもあり、英国内では大小問わず各地にあるという。自身は知り合いだった雑誌編集者に連れられ「きれいな仕事場、緩やかな時間の流れ」に魅力を感じた。

自らレンタカーを運転し、現地のナーセリー巡りもした。20代の初めから生産していた切り花の事業は順調だった。それでも「人と違う、オリジナルなことをしたかった。日本でやってみたいと思った」。

ある晩、寝ながらふと思いたった。「明日、建てよう」。すぐに業者を呼び、切り花の畑をつぶして温室を建てた。家族にも相談しなかった。

人里離れた岩手山の南麓地域。冬は寒さが厳しい。「全て思いつき。計画性はゼロだった。仮に誰かに相談しても、こんな田舎に人が来るのかと言われるのが落ちだった」。

1997年春、花苗や資材の直売所「花工房らら倶楽部」をオープンした。42歳だった。

翌年、レストランを建てた。約1500万円の建設資金は、切り花の生産でためた自己資金で賄った。

現在、11ヘクタールほどの敷地に植物棟や資材棟、花苗・野菜の農場、イングリッシュガーデンなどが集積する。

1年に約15万人が訪れる理由とは—。「うちの特長は花の種類の多さと新鮮さ。趣味の世界は千差万別で、お客さんに聞かれたときに『ない』とは言いたくない」。新種を探し歩く〝プラントハンター〟のように、海外の園芸店を訪ねては日本で珍しい品種の種を輸入し、育てた。

花苗などの農場生産は500種ほどから始まり、今では約2千種に。仕入れ品を加えれば、販売は3千種ほどに上る。最初に整備した温室は資材棟に変わり、華やかなガーデニング商品で埋め

一年草や宿根草など四季を通じて多彩な花苗などが来店客を楽しませる植物棟内。仕入れ品を合わせ年間約3千種類を取り扱う＝雫石町長山・花工房らら倶楽部

尽くされている。

斜面一面がピンク色に染まる「芝桜の丘」のほか、来場者が減る冬場対策に導入したクリスマスローズはガーデン化し、他の宿根草と一緒に商品の見本園として無料開放。新しい目玉づくりにも知恵を絞ってきた。

花苗はホームセンターや一般の産直で当たり前に売られている。全国でもまれな花専門の生産直売施設として、商品力を高めているのが人の力だ。

「資格があると言葉の説得力が違う」と従業員向けにグリーンアドバイザー、ハンギングバスケットマスターという園芸資格の取得を奨励。対面販売に磨きを掛け、ガーデニングなどの講習やフェアを通してファンを増やしてきた。マーケットは秋田や青森など車で片道2時間圏に広がる。

開業から22年。「経営的には大過なく過ごせた。小心者だから（農地取得資金を除けば）無借金でやってきた。背伸びしないできたのが良かった」。園芸の新しい楽しみ方を見いだし、果断に実践した結果が今につながった。

花苗の生産直売を始めたのは、ナーセリーへの憧れだけではなかった。流通への疑問があった。

答えは英国スタイル

桜糀哲也さんが花づくりを始めたのは、野菜や牧草をつくる親の農業に魅力を感じられなかったから。「同じことはしたくなかった」

農家の長男。自然な流れで盛岡農高に入った。当時はまだ、家の農業を継ぐと思っていた。卒業後は「少し家を出たい」と、高校に学生募集のポスターが張られていた大手種苗メーカー・タキイ種苗の滋賀県にある園芸専門学校に進んだ。

野菜と花を学んだ。講師の京都大教授らの指導は、専門的で難しかった。何より寮生活にへきえきした。上下関係が厳しかった。

「もういいかな」。2年制も選べたが1年で卒業。時間は短かかったが、各地に今も付き合う仲間ができた。

地元に戻ると、自分で近くの育苗センターの施設を借り、切り花づくりを始めた。秋田・田沢湖にいた専門学校時代の先輩などに教わり、スズランやストックから栽培した。親は手伝いはしなかったが、口出しもしなかった。

「ありきたり」には満足できない性格。アルストロメリア、バラ、オリエンタルユリな

桜糀哲也さんが施設づくりの参考にした英国のアシュウッドナーセリー（桜糀さん提供）

ど、他ではあまり作られていなかった品種にあえて挑戦した。

5年ほどで自前のハウスに移行し、棟数を増やしていった。生花市場に持ち込むと1本2500円などの高値で取引された。

「自分の名前で競りに掛けられ、他より高く売れると面白かった。やりがいがあった」。パートも雇い、切り花が最も売れるお盆や彼岸は夜中まで働いた。「大変だったが、自分で決めたことをやり抜く思いで突き進んだ」

地元の市場だけでは出荷量に限界があった。広域に販売ルートを持つ農協への出荷が必然になった。東北や北関東に販路を広げる一方、売り上げの数%が徴収される手数料制度に違和感が膨らんだ。

今は農協理事の立場。ただ、当時は「自分で作った物を自分で売り、中間マージンをゼロにしたいという発想があった」。英国で触れたナーセリーに答えを見つけた。生産直売に踏み切った。

バブルは崩壊していたが時代が味方した。花工房らら倶楽部を開設した1997年、

「ガーデニング」が新語・流行語大賞のトップテン入り。切り花と並行し、ナーセリーのように花苗の本格生産を始めた。

「花苗と切り花は作り方が違う。最初はノウハウがなく、質は良くなかった。それでもお客さんが買ってくれた。感謝しかない」。ブームを追い風に、一気に知名度を上げた。

施設は食事目的の人も多い。人気は農家の味だ。

自ら厨房、農家レストラン

天ぷら、サラダ、煮物、白あえ…。7月下旬、2台の丸テーブルに40種を超える色とりどりの料理が並んだ。食材はズッキーニやピーマン、ナス、キュウリなど自家製の夏野菜。花工房らら倶楽部の「重《じゅ》っこバイキング」（土日・祝日限定）は、県外にもファンがいる人気のメニューだ。

桜糀哲也さんが温室（現資材棟）脇にコテージ風のレストランを建てたのは開業翌年の1998年。英国のナーセリーにならい、花と食による安らぎの空間を形にした。

中身は変遷した。カレーやうどんなど、ごく普通の食堂メニューから始めたが、しばらくしてロシア料理の店に変えた。「東京でロシア料理の料理長をしていた友人が岩手に戻ってくるというので任せた」。ボルシチ、ピロシキなど地域で珍しい料理が評判を呼んだ。

季節野菜をふんだんに使った多彩な料理が人気を集める「重っこバイキング」
＝雫石町長山・花工房らら倶楽部レストラン

ただ長続きしなかった。花苗の主な購入層は中高年の女性。「こってり、高カロリーのロシア料理は合わなかった」。5、6年続けた後、見直しを迫られた。

県南部に「農家レストラン」が増えていた時期だった。「日本人の口に合うのは、普段の食べ物と考えた。野菜は畑で育てていたから、それで郷土料理を作ろうと」。2009年、メニューを一新して再出発した。好判断だった。

重《じゅ》っこバイキングは肉、魚なしの野菜づくしで、ご飯は岩手オリジナル品種「銀河のしずく」100%。餅を目当てに訪れる人もいる。60~70人が座れる店に、連休の多い日には250人が詰め掛ける。

「煮物や天ぷらは家で当たり前に食べられたが、忙しい今の時代は手の掛かる料理はなかなか作れない。ごちそうでなく、昔懐かしいものが支持された」。桜糀さんはさらに「体に良くても、おいしくないと食べてもらえない」とも。毎週末は調理担当の女性たちと一緒に厨房《ちゅうぼう》に立ち、腕を振るう。

おいしさにこだわるのは経験則でもある。雫石町の農業経営者協議会長として10年以上前から農業の６次化を推進した。県の支援事業を活用しハーブを使った塩やこしょう、バラの紅茶を開発した。花の販売と飲食に次ぐ収益源を育てたかった。

しかし2年ほどで撤退した。「諦めた。ハーブは万人受けしない。大手が既にいる市場への参入は、ずばぬけて良い商品でないと売れない」。現在は花暦付きのメモ帳を販売。「めったに売れないけど腐らないのがいい」。冗談交じりで物販の難しさを口にした。

桜糀さんは「長山街道」という地域ブランドを育てるため、他の事業者と汗をかいてきた。

「団体戦」で地域盛り上げ

タイトルは「いま、長山街道がおもしろい」。

桜糀哲也さんは2002年、近隣でカフェやアイスクリーム店、足湯などを開く人たちと一緒に、個店と地域をPRするリーフレットを作った。藩制時代にコメを献上する道だった街道名にちなみ「平成の長山街道」を標榜《ひょうぼう》。エリアを知ってもらい、誘客力を高めようとした。

花工房らら倶楽部《くらぶ》の開業はリーフレット作成の5年前。周りに人を呼び込める施設はなかった。「長山地区にこだわったのでなく、たまたま家の土地があった。山奥にぽつんという感じだった」

その後、近隣に飲食関係などの店が立ち始めた。自身はガーデニングブームで客足を伸ばしたが、〝点〟の努力には限りがあった。

「個人戦でなく団体戦で行こう」。連携による地域発信を狙った。初めに足湯を開く男性に声を掛けると賛同してくれ、桜糀さんを含む経営者6人が集まった。リーフレットは店紹介と地図で構成。メンバーの手作りで、費用も全て自己負担だった。

個性豊かな田舎の事業者連携はマスコミなどに取り上げられ、話題になった。町外からの出店者も多く、メンバーは多いときで13まで増えた。今もリーフレットは2、3年に1回のペースで改訂。過去にはクリの木の丸太を活用した道しるべの設置やスタンプラリーも企画した。

当初メンバーで「牧場のアイス　松ぼっくり」を運営する松原久美さん（69）は、桜糀さんにつ

長山街道の事業者が2004年に建てた道しるべ（右）。地域に15本ほどが立つ。左奥は弘法桜＝雫石町長山・花工房らら倶楽部前

いて「先々を見通せる人。海外を含め、いろいろな所で勉強している」と認める。

桜糀さんは活動を振り返り「地域を訪れる人が確実に増えた。長年取り組めたのは、行政に頼らず自分たちで企画し実行してきたからこそ」と強調。「世代交代期の経営者が多い。うまく乗り越え、活動を続けていきたい」と見据える。

過去に農業の優良担い手として農林水産大臣賞、日本農業賞優秀賞などを受けた。今年は新岩手農協の理事に就任。地元の商工会、観光協会の役員も務め、地域のリーダーとして多方面での役割を期待されている。

コメ中心の雫石の農業は政治に翻弄《ほんろう》され続けてきた。後継者対策も「農業は感性の世界。人を育てるといっても、方法は相手によって変わる」。課題は山積し、どれも重い。「どうすればいいのか…」。未来の古里を思い、模索を続ける。

東日本大震災は、花の持つ力を再確認させてくれた。

家族と従業員に支えられ

花工房らら倶楽部《くらぶ》は「3・11」後も営業を続けた。多くの人が明日を生きるのに必死だった。ガソリンも不足していた。「お客さんは来なかった」。桜糀哲也さんは当時を思い出す。

変化が表れたのは1カ月ほどたった頃。急激に来店客が増え始めた。高速道の無料化が手伝い、遠方から訪れる人も多かった。

「花を求める人の勢いはすさまじいものがあった。悲惨な思いをすると、みんな欲しくなるのではないか。花の力を感じた」。被災者支援では3年間、山田町の老人クラブに花苗を届けた。

農業人であり続けてきた。外見は若々しく、今も毎朝5時に施設に来て花に水をやる。幸いこれまで目立った経営の危機はなかった。家族、従業員に支えられた。

妻の節子さん（64）は雫石・西山中の同級生で、自身23歳で結婚した。保育士を「やめさせて」（桜糀さん）、切り花栽培を手伝わせた。

事業を始めるのも、施設を広げるのも独断だった桜糀さん。節子さんは「そういう性格と思っている。私は後押し役で助手のようなもの。利益追求でなく、地元還元やみんなのことを考えている」と信頼する。

桜糀さんは本来であれば、もう社長を退いているはずだった。２００８年、県外の造園店で修業していた長男翔伍さんを病気で亡くした。24歳の若さ。「大きな誤算だった。人生はどうなるか分からない」。後継者として急きょ、長女の明香《あすか》さん（40）に家業に入ってもらった。

従業員は農場担当などにベテランの中高年女性が多い。マネジャーの勝田雅子さん（58）は「子育てとの両立に理解があった」と感謝。施設は花を育てる培地に、低コストで軽量なもみ殻を使う。ポットを運ぶ際の負担軽減など、細かな気配りも人材の定着につながってきた。

ガーデニングブームは落ち着き、桜糀さんは「若い人を花作りに目覚めさせるのが課題。

新しい提案の必要性は感じている」と語る。会員制交流サイト（SNS）の活用などを始める一方、施設の将来については「後を継いだ人が考えること。お客さんが喜んでくれるなら、今とがらっと変わっても問題はない」。

ここ5、6年、クリスマスローズの育種に挑戦している。自店の品ぞろえが充実し、海外の専門店に行っても導入したい魅力的な品種がないのが理由だ。

「冬に人を呼べる花が少ないし、新しいものを見つけるのは面白い。老後はそれでいこうかな」。人を癒やし、笑顔にする花作りに終わりはない。

長女明香さんと花畑を歩く桜糀哲也さん（左）。「昔は一緒に英国を回った。あと５年ほどで事業を引き継ぐ」と語る＝雫石町長山・花工房らら倶楽部

【花工房らら倶楽部】有限会社姫園芸が運営。資本金300万円。桜糀哲也社長。雫石町長山に1997年、自家生産の花苗やガーデニング資材を販売する温室（現資材棟）を整備し開業。翌年レストランをオープンし、その後植物棟、農場（ハウス約20棟）、芝桜の丘、クリスマスローズガーデンなどを整備した。花苗の生産は約2千種、年間40万ポット。敷地面積11ヘクタール。北上市内に支店を置く。従業員は社員3人を含む約40人。2019年12月期の売上高は1億2000万円。

森で３００年生きてきた木が、
わずか10年で捨てられる

工藤宏太さん／岩泉純木家具（岩泉町）

岩泉町の岩泉純木家具は県産の広葉樹で製作するテーブル、椅子をメインに全国にファンを持つ家具メーカー。社長の工藤宏太《こうた》さん（72）は創業以来、時に数百年の樹齢を重ねる大木の命を尊び、その歳月の使用に耐えうる本物の家具を追求してきた。事業の傍ら、古里の自然保護活動などをけん引。近年は台風で甚大な被害に遭いながら社員、家族と立ち上がった。「木に話しかけ　使う人と話し合い　真心こめて作り上げる」。経営者として、職人として愚直に家具作りと向き合ってきた工藤さんの歩みを見つめる。

【2019年9月17〜21日掲載】

釣り姿のバイヤー

1975（昭和50）年10月1日、岩泉純木家具は設立された。工藤宏太さんは当時28歳だった。

父の儀三郎さんが営み、自分は専務だった製材所が1カ月前に倒産したばかりだった。製材所の1部門だった家具製造。父は「おまえは家具を一生懸命やれ」と、工藤さんを倒産処理に巻き込まなかった。工藤さんと元大工の伯父ら4人で純木家具は歩みだした。

県南部の商業施設などで開く短期の展示会に販路を探った。無垢《むく》のたんすや食器棚、テーブルなどを持ち込んだが、売れ行きは「ぽつぽつ」。知名度も実績もない会社に金融機関の態度は渋く、「資金繰りはいつも冷や冷やだった」。

転機は前触れなくやってきた。78年の春ごろ。釣り客の姿をした男性が会社を訪れ、工藤さんに切り出した。「今度うちの店で民芸家具の催しをするから出店してもらえないか」

東京の京王百貨店新宿店のバイヤーだった。創業2年目と3年目に同じ新宿の伊勢丹で、1週間ほどの展示会に参加していた。バイヤーは話さなかったが、伊勢丹で純木家具に興味を持ったと想像した。

支度金などの条件もすんなり認められ、程なく販売が実現。この取引が、後の事業拡大をもたらした。

京王で注目された商品の一つがテーブルだった。合板に化粧板が張られた一般的な製品とは違う、無垢材で当時の値段で30万～50万円する高級品を、お金に余裕のあ

大きな木は大きいままに―。命ある樹木への尊崇の念を込めた会社の経営指針を掲げる工藤宏太さん＝岩泉町・岩泉純木家具本社

る中高齢層が徐々に買い求めるようになった。

冷静な読みもあった。「百貨店には格がある。京王より上もあるが、材料の板は数が限られ、注文に生産が間に合わないと息切れする。京王の新宿店はちょうどいい規模だった」。実際、京王との取引でも板の不足に悩まされた。

工藤さんは1980年、次の手を打った。盛岡市へのショールーム開設。初めての常設販売店は「木を扱う会社だから」と場所を材木町にこだわった。地元のラジオCMなどに予算をかけ、純木家具の名を広めた。

京王百貨店新宿店への出店はその後常設となり、純木家具の信用力を高めた。雇用した販売員の2人は、都内で純木家具の特約店として独立。盛期に1年で3千万円超を売り上げる大口も育ち、主力販路として貢献した。

林業政策と木材加工への疑問が、無垢材での家具作りの原点になった。

ものづくりの魂

壁際にテーブルの天板用の板が並ぶ。素材は「木目がはっきりで、よく染まる」というセンを主体とした県産広葉樹。厚さ5センチほど、長さは大人の背丈を越える物もある。漆塗りは黒、オイル仕上げは白。木目の美しさが際立つ。

盛岡市材木町の岩泉純木家具のショールーム。「大きな木は大きいままに」。創業以来の看板商品「フリーテーブル」には、工藤宏太さんが大切にするものづくりの魂が凝縮されている。

岩手大農学部林学科で学んだ。経済効率優先の時代。「国は広葉樹を切った後に（伐期の短い）針葉樹を植え、枝打ちや間伐をさせるという考え方一辺倒だった。補助金があるうちは整備されるが、なくなって放置されれば針葉樹は草に負けて育たなくなる。税金の無駄と感じた」

家業の製材所で加工した広葉樹は家具メーカーなどに引き取られ、細断されて家具の部材になっていた。

「合板の化粧板になれば10年や15年で駄目になり、ごみになる。森で３００年生きてきた木が、わずか10年で捨てられる」

３００年生きた木なら同じぐらい長く使える家具にしてあげたい。その時間で広葉樹の森を再生したい——。フリーテーブルの天板は両面使用。年輪が詰まった無垢《むく》材だからこそ、削り直しをすれば半永久的に使うことができる。

純木家具の事業は丸太の調達から製材、乾燥、商品製造、販売までの一貫体制。工藤さんは市場で丸

テーブル天板用の板が並ぶショールーム。県産広葉樹の無垢材で、手入れをすれば半永久的に使えるという＝盛岡市材木町

太を買い付け、これはと見込んだ木は製材にも関わり、複数の板を組み合わせる際は木目の合わせ具合を自ら吟味してきた。テーブル用などは年輪が100本以上ある板一枚一枚の木目を紙に書き写して顧客に示し、比較しやすいようにした。

全ては独学。工藤さんはデザイン・設計の方針を「木から聞く」と表す。木目や形、色、節などを見極め「最初に考えるのは、この木は何に使われたら喜んでくれるか。必要なのは木に対する気持ち」。

使い手のことも考えてきた。部屋の写真を提供してもらい、イメージを膨らませた。本棚を頼まれたら、まずは本の種類を尋ねた。顧客と一緒に

食器棚を作る木工職人。裏板以外は無垢材で、完成品は数十万円の値段が付く。奥は専務の工藤林太郎さん＝岩泉町・岩泉純木家具工房

進めるオーダーメードを強みにした。

北海道から3千枚の板を入手するルートを築き、材料不足を解消した。盛岡のショールームや都内の複数の百貨店、特約店と販路を広げ、職人をはじめ営業、業務など多い時は約20人の従業員を抱えた。

１９９８年、販売減から20年に及んだ京王百貨店新宿店との取引をやめた。結局、当時の約１億７８００万円が売上高のピークになった。その後、百貨店の高級家具売り場は減り、特約店も相次ぎ閉店した。

安価でデザイン性を重視した家具の普及は、重厚で高価な純木家具の逆風になった。工藤さんは「元々の顧客は高齢化し、その下の世代は昔のようには買ってくれない」と市場環境の難しさを認める。

今は長男で専務の林太郎さん（38）に実質的な経営を委ねつつ、土日も出勤を欠かさない。創業から40年余。〝本物〟の家具の価値を信じ、一職人として工房に立ち続けている。

工藤さんは製材業者の長男。大学を卒業し家業に入ったが、商売は不安定だった。

買いたたかれた角材・板材

岩泉町の岩泉純木家具の場所には、かつて工藤製材という会社があった。工藤宏太さんの父儀三郎さんが１９５４（昭和29）年に始め、工藤さんも岩手大を出た69年に入社した。

面積の93％が森林の同町。自然環境だけでなく、家業を通じて木はずっと身近にあった。大学では公務員の進路を強く勧める教官と衝突した。

「国や県の施策はおかしいと思っていたから公務員は嫌だった」

親は工藤さんを含む３人の息子を全員大学に通わせた。製材所は経営が安定せず、母親のツヤさんは製材所で出る木くずを利用して銭湯を営み、家計を支えた。長男として家業に入るのは自然なことだった。

製材所では専務として販売を担当した。待っていたのは「原料高の製品安」という現実。丸太は国有林の入札で高値の仕入れを強いられる一方、製材した角材や板材は木材市場などで安く買いたたかれた。

「安値は外材の流通が原因。工務店に売れば採算は合うが、町には少なかった。販売先探しは頭が痛かった」

取引先が倒産して打撃を被ることもあった。事業の付加価値を高めたいと悩んだ。木工関係の雑誌にヒントを見つけた。

「重く、ごついカウンターやテーブルを作っている人がいて、値段は高くてもそういう物が求められていると感じた。大きい板は大きいままの製品として使った方が、心情的にも経営的にもいいと思った」。広葉

家具作りに励む会社創業当時の工藤宏太さん（工藤さん提供）

樹の製材を通じて家具材の問屋と取引し、多少の知識はあった。家具作りに活路を求めた。自ら主導し、製材所内に家具を作る「加工部」を立ち上げた。伯父ら元大工の3人を採用し、たんすなどを作っては町内や盛岡市内で作品展を開いた。

知名度がなく、売れ行きは芳しくなかった。製材部門をカバーする収益は上がらず、家具作りを始めて3年ほどした1975年、工藤製材は倒産した。

ただ、工藤さんには確信めいたものがあった。「テーブルを作るようになり、出来上がりを見たら暗いトンネルの中に出口がぽっと明るく見えた。これを作っていけば、先は開けると思えた」。「岩泉純木家具」の創業に突き進んだ。

多くの人から刺激を受け、創作に生かしてきた。その一人が洋野町大野の「一人一芸の村づくり」を提唱した秋岡芳夫さんだった。

工業デザイナー秋岡さんとの出会い

工藤宏太さんが「自分を最初に導いてくれた人」と語る工業デザイナー秋岡芳夫さん。出会いは創業前の工藤製材の頃だった。盛岡市で開かれた産業まつりに家具を出品し、審査員を務めていた秋岡さんを紹介された。

秋岡さんは工藤さんを、都内の事務所で開いていた工芸デザイナーの交流会「グループモノ・モノ」に誘った。以来、工藤さんは上京に合わせて秋岡さんのもとを訪問。交友は純木家具の設立から家具作り、販路拡大、果てはプライベートにまで発展した。

純木家具は資本金100万円で設立された。資金の出どころは、秋岡さんやモノ・モノのメンバーのカンパだった。工藤さんを秋岡さんに引き合わせた県工業技術センター元職員で、漆芸家の高橋勇介さん（85）＝盛岡市つつじが丘＝は振り返る。

「秋岡さんは近代工業のあり方に疑問を感じ、自然素材を生かす大切さを説いていた。

工藤さんの無垢の家具を『いい方向だ』と話していた」。共感が支援の輪を広げ、家業倒産から間もなくの創業が実現した。

工藤さんはデザイナーたちが語り合う空間が心地よかった。情報を商品開発の参考にした。全国で開かれるモノ・モノの展示会に出品すると、秋岡さんの知名度のおかげもあり、よく売れた。京王百貨店との取引につながった創業初期の伊勢丹での販売も、秋岡さんの声掛けがあった。

妻の澄子さん（74）は秋岡さんが主宰した木工塾に通っていた。東京でピアノ教師をしていたが、木工の魅力に引かれて入塾。工房見学でたまたま純木家具を訪れ、工藤さんからクリの板を買ったのを

工藤宏太さん（後列左から２番目）が1983年から参加した「木の家具展」。全国の木工仲間と競い合った＝90年、東京・田中八重洲画廊（工藤さん提供）

きっかけに一緒になった。

「女房は木工をやりたいから岩泉に来たようなものだ」と工藤さん。澄子さんは今、小物制作のスペシャリストとして会社に欠かせない存在になっている。

モノ・モノなど外部との交流を通じ、工藤さんは1983年から「木の家具展」（当初は「木の仕事展」）という全国の木工有志の作品展に参加するようになった。「箱」「額」など毎回テーマを変え、新作を出し合い切磋琢磨《せっさたくま》した。

作品展は2018年まで続いたが、工藤さんは途中の11年で終わりにした。「マンネリ。年も取ってみんなの活動が弱くなり、新しい驚くような作品を出そうという意欲を感じなかった」。澄子さんは「木に対する情熱はすごい。面白くないぐらい本当に真面目」と夫を評す。

工藤さんは目指す家具作りに欠かせない自然の大切さを訴え続けてきた。

古里の自然を残したい

「森と水のシンフォニー岩泉」。岩泉町袰綿《ほろわた》の小本川のたもと、国道455号沿いに町のテーマをPRする木製看板がある。工藤宏太さんが委員長を務めた『ふるさとの森推進委員会」が、約30年前に立てた。

「うちの家具を使う人は、材料の木がどんな所で育っているか興味を持っている。木はどんどん切られて無くなっているが、まだある深い森を残し、ふるさとの森と呼んではどうだろう」

1980年代末、国が市町村に1億円を交付した通称「ふるさと創生1億円事業」。お金の活用策を考えようと開かれた町民大会で工藤さんはこう訴えた。

ふるさとの森の選定は、まつたけ研究所の開設、子どもの交流研修とともに採用された。ふるさとの森事業は、町観光協会副会長で言い出しっぺでもあった工藤さんが代表になった。

　工藤さんは本業の傍ら、テーマ看板を製作して委員会のメンバーと設置したり、森林の現地調査に歩いた。思い出深いのが、１９９２年の「酸素一番宣言」だった。

　本州一広い町で、面積の９割以上が森林という環境に着目。町の森林が光合成で放出する酸素量を試算した。「年間で約４００万人が生活できる量」と発表すると、物珍しさもあり、マスコミや各地の議員などから問い合わせが相次いだ。

「対応はすごく忙しかったが、町のＰＲになった。子どもたちに地域の自然への誇りを感じてもらえて良かった」

岩泉町のテーマをＰＲする木製看板。岩泉純木家具が材料の調達や製材、文字彫りなどに関わった＝同町袰綿

ふるさとの森事業は、継続を望んだものの5年ほどで終わった。しかし、姿を変える自然に工藤さんの危機感は募るばかりだった。

「子どもの頃に泳いだり魚を捕った川に水がない。汚れもひどい」。95年に地域の住民や自治会、漁協などと「小本川水系を守る協議会」を立ち上げた。

発電・農業用のダムが小本川の水源から取水していることを問題視。会長として国や県、電力会社に取水抑制による流量確保、魚道整備などを談判して改善させた。知事との懇談会で、保水機能を持つ広葉樹を伐採する造林事業に疑問をぶつけたこともあった。

「県や電力会社など公的機関には言いたいことを言ってきた。新聞の投稿欄もよく利用した。（国などの予算で作業する）林業の人からは発言を控えるように言われもした」。木をなりわいとする者の使命感が、いつも行動の根っこにあった。

２０１６年8月の台風10号。豪雨被害は工藤さんを打ちのめした。

木工で生きていける町に

「木を買うときはいつも『俺のところに来たからには安心してくれ、300年もつ家具にして残してあげる』と思ってきた。それなのに一挙に流され、木の霊に申し訳ない気持ちだった」

工藤宏太さんは2016年の惨事に今も無念さが消えない。台風10号豪雨は岩泉町や宮古市などに甚大な被害を与えた。純木家具は工房の浸水による機械や車両被害のほか、小本川沿いの木材置き場が被災。地面が崩れ、乾燥済みの板887枚などが流失した。

「長さや幅がある立派な板ばかり。がっかりしてしまった」。台風の後、工藤さんは長年続けた市場での丸太の仕入れに足が向かなくなった。

妻の澄子さんは心情を察する。「太い木を残すことへの思いがすごく強い。だから私たち以上にショックだった」

工藤さんは70歳を過ぎ、耳が聞こえづらくなり、体も以前のように動かなくなった。小学5年の時に網膜の病気で左目を失明。右目だけで仕事をしてきたが、その視力も落ちてきた。

頼りは経営を実質的に任せる一人息子の林太郎さん(38)。厳しい市場環境や職人の高齢化、台風被害など課題に直面しながら経営改善に奔走している。

「メーカーとしての態勢を強化し、もう少し若い世代も顧客に取り込みたい」と林太郎さん。県内の異業種やフィンランドのデザイナーと連携した商品開発を手掛け、2019年10月は盛岡市内で3日間にわたる同社初のPRイベントを実施。会員制交流サイト(SNS)による情報発信などでも行動力を発揮している。

林太郎さんは木を大切に使うという創業の精神も忘れていない。地域で林業活性化を目指す官民と手を組み、町産材にこだわった家具作りに意欲を燃やす。

工藤さんは次々と新しいことを始める息子に戸惑いも感じる。「一生懸命やっているから口出しはしない。ただ、知らないで損している部分がある」。創業者の複雑な胸の内が伝わる。

経営者として三つの夢を追ってきた。一つは「岩泉を木工で生きていける町にすること」、二つ目は「自分、子ども、その先の世代が使える木材を蓄えること」、最後は「広葉樹の社有林を持つこと」。

どれもすぐにかなえるのは難しい。「体が動くうちは作りたいし、知識や経験があればこれからも会社の役に立てる」。できることを全うした先に、いつの日か夢は実現すると信じる。

【岩泉純木家具】県産広葉樹を素材とした無垢《むく》材家具メーカー。工藤宏太社長が1975（昭和50）年に岩泉町岩泉の現在地で創業。80年に盛岡市材木町にショールームを開設。首都圏の百貨店への常設出店や複数の特約店を通じた販売で売り上げを伸ばした。2011年に北上市に北上さくら野店を開店。百貨店出店や特約店販売は順次縮小し、現在の販売拠点は盛岡市のショールームのみ。資本金1億円。従業員（パート含む）は9人。19年12月期の売上高は5800万円（税抜き）。

商品の回転率ばかり考えると、
店がつまらなくなる

西国泰行さん／総合リサイクルショップ再販（盛岡市）

盛岡市南仙北の総合リサイクルショップ再販は1976（昭和51）年の創業以来、中古品などの買い取り、販売を通じ環境に優しい地域社会づくりの一端を担ってきた。創業者は前社長で社主の西国《さいごく》泰行さん（67）。豊富な品ぞろえと安さで消費者の心をつかむとともに、交換市場を通じて地域の商品流通の活性化に貢献してきた。暮らしのさまざまな分野で再利用・再生利用に徹する生き方は、社業を退いた今も変わらない。中古品の魅力と、利用する価値を発信し続けてきた西国さんの歩みを見つめる。

【2019年11月5～9日掲載】

危機感を抱き郊外へ

店の中から外まで雑多な商品があふれる。1993年開店の盛岡市の南仙北店は、再販が県内有数のリサイクル店に飛躍する転機となった場所だ。

西国《さいごく》泰行さんは創業から程ない1979（昭和54）年、本店を同市紺屋町に移した。当初の盛岡駅近くの店よりも広く、家が近所でなじみの人が多いのが理由だった。長く1店舗で商売した。

昭和の終わりから平成初めにバブル景気が到来。空前の金余り社会は、安さを売りにする中古品販売には逆風だった。何より自家用車が普及し、消費者が広い駐車場のある郊外店に流れるようになっていた。

紺屋町の店は2、3台の車しか止められなかった。「ここだけでは尻すぼみになる。駐車場の広い店をつくらないと客は来ない」。西国さんは危機感を抱き、2店舗目の物件探しを始めた。

1年ほど歩き回り、同市南仙北の県道脇に駐車場のような建物を見つけた。元は運送会社のトラックターミナル。建物は年季が入っていたが、敷地は紺屋町の7倍以上あった。駐車場が来客用だけで20台近く取れ、荷物の積み降ろしにも便利な広さが気に入った。

建物は月の家賃50万円で借りられたが、小売店仕様に整える初期投資は想像以上だった。内装の改修に約1千万円、消防設備の設置には約300万円かかった。借金に頼らざるを得ない中、負担を減らそうと本業の知恵を生かした。

中古品は売る前に修理や清掃が欠かせない。倉庫代わりにと目を付けたのが廃車トラックの荷台。解体業者から荷台だけを安く買い、店頭に据えた。当時の荷台は今も〝現役〟。

「中古を調達して仕事を始めると新品を買うより金銭的にすごく楽というのが、自分で実感できた」

新店舗は駐車場の確保に加え、品ぞろえの充実をもたらした。大型の業務用冷蔵庫や厨房《ちゅうぼう》器具、会議用机など従来はスペースの制約で仕入れできなかった商品を扱えるようになった。

南仙北への出店と同じ年、社名を盛岡中古品センターから再販に改めた。「広くなった売り場を埋める目的もあり、売れ残りの新品などを多く仕入れるようになった。中古品だけじゃないという意味を込めた」

バブル崩壊による景気低迷はモノのリサイクルへの関心を高めた。時代の風向きは変わり、沿岸部や隣県へ商圏は一気に広がった。

商人の家で育った西国さん。日頃から「信用」の大切さを教わった。

相手の足元を見ては駄目

西国さんの実家は玩具や文房具の問屋だった。子どもの頃、八幡宮の祭りになれば、お使いで縁日の屋台に商品を届けた。

「商売を発展させるなら相手から喜ばれることを続けないといけない。いつもそう聞かされていた」

商人の心構えが無意識に擦り込まれた。中古品店は企業間取引で仕入れる一般の小売り店と違い、個人からの買い取りがメイン。西国さんは従業員に口を酸っぱくしてきた。「安く仕入れれば会社に褒められると勘違いするやつがいる。そうしたら怒る。相手の足元を見て安く買えば、口コミで伝わり商品を持ち込んでくれなくなる。だから絶対安く買っては駄目だ」と。

販売も同じだった。例えば冷蔵庫は電源を入れ、内部を冷やしておいた。

「今と違って昔は中古はすぐ駄目になるという先入観が強かった。開いた瞬間に冷気を感じれば安心してくれる。『再販の物は大丈夫』と思ってもらえれば、値段は安いので買ってくれるようになった」

電化製品などを修理できる人材に恵まれた。仕入れ値が相対的に安い故障品や、量販店が持つ下取り品を仕入れ、整備して再生できれば利益が上がった。品質を保証する作動チェックも徹底させた。

西国さんは再販の強みを「特化した商品がないこと」と語る。店内は家電や工作機械、家具、雑貨、飲料など所狭し。エビの剥製まである。少し古いけれど何でもある〝おもちゃ箱〟のような世界が広がる。

楽器や家具、電化製品などがひしめき合うように並ぶ再販本店。広い店舗を生かした品ぞろえの豊富さが特長だ＝盛岡市南仙北

強みを生むのは高い機動力だ。1店舗1台以上のトラックを配置して買い取り要望に素早く対応。病室やホテルの客室にあるテレビなど数百台規模のリース製品や、企業の廃業・倒産に伴って処分される事務用品など人手の要る買い取りも受けてきた。廃業物件などの備品を丸ごと引き取ると、仕入れ値が割安になるメリットもあった。

「店の営業と仕入れを並行するから、従業員は南仙北なら1店当たり最低10人は必要。県内で大量の処分品を買い取れるのは再販ぐらいという評判が役所や弁護士などにも伝わり、その後の仕事につながった」

基本的に中古品販売は問屋がない。売れる、売り

南仙北店では1993年の開店当時からトラックの荷台が商品の倉庫や展示場所として活用されている＝盛岡市南仙北

たい商品をいつも仕入れられるとは限らない。

西国さんが社長当時の年商は最高で2億8千万円ほど。「一番の売れ筋はテレビだった。病院などの物がたくさん入ってきたときは、1台5千円ぐらいでどんどん売って売り上げが伸びた」

売り上げは時々の商品構成に左右される。それでも画一化はせずに「行って面白い」を大切にした。

「あまり売れない業務用や趣味の物も仕入れて置いた。商品の回転率ばかり考えると、店がつまらなくなる」。品ぞろえへのこだわりは、知名度や資本力に勝る全国フランチャイズへの対抗策でもあった。

長年続くIBC岩手放送のラジオ番組が県民に親しまれてきた。店舗数は最大四つまで増え、地場のリサイクルショップとして確かな基盤を築いた。

「この商売はメーカーや問屋にへつらう必要がないのがいい。売れるも売れないも自分の才覚次第」。各店に仕入れ先の自由な開拓を認め、個性を尊重した。おおらかな経営は現場に唯一無二の活気を生み、繁盛店の原動力となった。

西国さんは料理人から転職した。夜の商売は性に合わなかった。

酔客に売れた骨董品

西国泰行さんは20代の頃、花巻市内で郷土料理屋を営んだ。

高校を卒業し、1年ほど自動車販売会社で営業の仕事をした。料理の道は花巻で「地元の名士が集まるような高級クラブ」を経営していた母親の誘いだった。

「料理を修業してきたら店を出してやる」。そもそも営業職はあまり好きでなく、言われるがまま仙台市の料理屋で働き始めた。

鳥料理を皮切りに、店を変えながら一通り学んだ。修業のさなか、同じ店に入ってきた4学年上の女性と親しくなった。

結婚を誓ったが、自身は仕事も半人前の弱冠20歳。反対する相手の親を「料理屋で生計を立てます」と説得した。結婚を優先して修業をやめ、花巻に戻った。妻の礼子さん（72）とのなれ初めだ。

20人ほど入る店で郷土料理を出した。客はまずまず入ったが、西国さんは酒が飲めない。客とのトラブルが常だった。「酔ってむちゃを言う人に我慢ならなかった。まだ若かった」

行き詰まりを感じながら、一つの気付きがあった。郷土料理の店らしくするために飾った民芸品

当初の盛岡市開運橋通から移転し、長く本店として利用された同市紺屋町の店舗（西国泰行さん提供）

や骨董《こっとう》が客によく売れた。

商機の予感がした。骨董品の交換会に通い始め、つぼや版画、土人形などを仕入れた。自分の店のほかに、仙台の小売店に持ち込んで委託販売すると手応えがあった。「やるならこれしかない」。商売替えを決めた。

夜は料理屋を続け、日中に店舗の物件を探した。場所は人口が多く、地元でもある盛岡市内に定めた。

若さもあって信用力は低く、店舗探しは難航した。困った果てに頼ったのが、盛岡駅近くで営業していた易者。「骨董などの店を開きたいがどうしたらいいと尋ねると、この下（1階）にあると教えられた」

約70平方メートルの中古品店が店ごと売りに出ていた。思いもかけなかった。立地の良さに加え「骨董や民芸品とは違うが通じるものがある。趣味ではない生活用品を扱う点も悪くないと思った」。

礼子さんは当時を思い出し「中古品販売は（夫が）一人で決めて、こっちは事後承諾だった」と笑う。

西国さんは「中古の中古品店」の営業権をわずかな在庫と従業員1人、ライトバン1台付きで200万円で買い取った。開運橋通の老朽ビルの一角で、新しい稼業が始まった。1976（昭和51）年夏、24歳の挑戦だった。

中古店の需要はあった。ただ仕入れに苦労した。

同業者らと「交換市場」

コンベヤーに中古品が乗せられ、次々と競りにかかる。滝沢市大釜のテント内。約50人のリサイクル業者が目を凝らす。目当ての商品が重なると、値段がどんどん上がる。

外は大小さまざまな中古品を積んできた業者のトラックでいっぱいだ。

月1回の「盛岡中古品交換市場」。西国泰行さんは1980（昭和55）年の開始以来約40年、競り人として地域の中古品仲介を担ってきた。

76年に中古品販売を始めた西国さん。出だしは厳しかった。テレビや洗濯機などモノがあれば売れたが、そもそも中古品店に持ち込まれるモノが限られていた。問屋がなく、商品を自力で集めるしかない商売の難しさに直面した。

「役所の払い下げに走った

中古品交換市場で競り人を務める西国泰行さん（中央奥）。市場は朝から夜までの一日がかりで行われる＝滝沢市大釜

り、同業者や福祉バンクから仕入れた。スクラップ業者からも売れそうな物を買ってきて店に並べた」

状況を変えたかった。参加していた骨董《こっとう》の交換会が打開のヒントになった。

「骨董品は目利き力がないとだまされかねないが、中古品なら商品の状態を見れば、ある程度価値が分かる」

交換市場は業者が在庫品を持ち寄り、オークション形式で買い合う。中古品を対象にした市場は全国的に珍しかったが、県内の同業者らに呼び掛けると10人余りが賛同した。西国さんは自ら「古物市場主」の許可を取り、盛岡市内の銭湯跡地で本県初の中古品交換市場を実現させた。

同じ中古品の販売業者でも扱う商品は得意不得意があり、地域や立地条件でも売れ筋が変わる。

「いろいろな物が持ち込まれるから商品を探す手間が省ける。物の流通がすごく良くなり、貴重な情報交換の場にもなってきた。口コミで会員が広がった」

1回の交換市場で約500万円の現金が動く。各地の交換市場の販売で生計を立てる業者もいて、会員は現在、東北、関東を含め約120業者。八戸と仙台には盛岡方式を受け継ぐ〝弟子交換市場〟も生まれた。

業者同士の連携の大切さを強調する。記憶に残るのが2006年。安全適合を示すPSEマークのない中古家電の販売を、国が禁止する方針を打ち出した。リサイクル業界などが「死活問題」と猛反発した。

業界組織の東北代表を請われ、国会前でデモもした。「お上の押し付けは駄目と、みんながまとまった」と振り返り「商売だから足の引っ張り合いは多少あるかもしれないが、協力し合う方がはるかに多い」。西国さんは胸を張る。

誰かが使った物を扱う仕事柄、多くの人の悲喜こもごもに立ち合ってきた。

失敗が養った目利きの力

差し押さえの現場で店主に泣かれ、新品のテレビを持ち込んだ人は店外で待つ借金取りの元に走った――。西国泰行さんは、商売を通じて社会の裏側を幾度となく見てきた。

中古品の買い取りは、身分証明書を確認した上での現金決済が基本。「すぐに現金を欲しいという人は昔も今もいる。お金が絡むと人の不幸が絡んでくる」。お金持ちの高齢者がクレジットで不要な高額商品を買わされていることは多い。競売で買い取った固定電話の権利を巡るトラブルで、相手に刀を持ち出された時は危うく逃げ帰った。

西国さんもたくさんの失敗から学んできた。モノの価値を見極める力は一朝一夕に養えない。オークションで値段が不当につり上げられたり、中古品の年式の偽りに気づかず、損をしたこともある。

「プロ同士の世界には、だますよりだまされる方が悪いという考え方がある。とんでもないうそでなければ相手に文句は言えない。現場に専門家は呼べないから、売り買いは自分の判断に懸かる。〝授業料〟を払ってすごく勉強した」

中国からの雑貨輸入を計画したが、ノウハウ不足で撤退した。2006年以降に盛岡市の南仙北の2店舗の土地と建物を相次いで購入した際は、1億円以上を金融機関から借り入れた。店舗を安定して運営するためだったが、経営規模を考えれば金額は大きく、自身が社長を退いた後も会社の負担は続いている。

西国さんは息子3人と娘1人

家電を修理する2代目社長の西国礼人さん（左）。「中古品販売は子どもの頃から体に染みついていた」と語る＝盛岡市南仙北・再販本店

がいる。息子は長男で2代目社長の礼人《よしひと》さん（45）を筆頭に、次男礼二《よしつぐ》さん（40）、三男礼十《よしみつ》さん（39）も再販に就職。長女の史乃さん（43）は東京都内のリサイクル施設で働く。妻の礼子さんは再販と協力し、同市紺屋町でリサイクル着物などの販売店を経営している。

親子そろって中古品やリサイクル事業に携わる。「息子たちに後を継げと言ったことはない。他人に使われるよりも、ある程度自分で思うように働ける方が面白いと思っているのでは」。息子3人は音楽や語学、機械修理など得意分野を生かして会社を支えている。

経営に対する礼人さんと西国さんの考え方は違いがある。衝突することも多かった。ただ礼人さんは父親について、こうも話す。「先見の明があり、地域のリサイクル業のパイオニアになった。何にでもチャレンジするところも肯定している」

住宅、燃料、農業。西国さんは幅広い分野でリサイクル精神を具現化してきた。

リサイクル愛これからも

「お客さんはリサイクル店にもより良い、より新しい商品を求めている。地元だけではモノを集められない」。西国泰行さんの長男で2代目の礼人《よしひと》さんは週に1度、関東方面に買い付けに通う。地域内での商品流通にこだわった西国さんにはなかった発想だ。

西国さんは最近、店舗の外まではみ出す商品の多さが気に掛かる。自身が2012年に社長を退任したのは、「在庫」の認識の違いから税の修正申告を指摘され、ショックを受けたのがきっかけだった。

「いい物が安く出た時は買わないといけないし、仕入れ先との付き合いもある。この商売は注意しないと在庫過剰になりやすい」と西国さん。ただ、経営には一切口だししない。

玩具などの問屋だった実家。祖父と跡継ぎだった父親のいびつな関係を感じて育った。「同じ轍《てつ》は踏みたくない。自分の責任で好きなようにやるのがいい」

社業を離れ、現在の本業は農業。カモシカやタヌキがよく出るという滝沢市境にある自宅の約1ヘクタールの畑で、野菜づくりに励む。眼前には岩手山。有機農法を長く実践し、堆肥は落ち葉や残飯、ふん尿も使う自家製にこだわってきた。

「喫茶店などからコーヒー豆のかすをもらって加えると、堆肥の臭いがしない。できた野菜はお店にあげる。都市と農村の暮らしが循環している」

自宅は太い柱や、はりを用いた古民家風。約30年前、解体された蔵7、8軒分の廃材をもらい集め、宮大工に頼んで1年余かかって建てた。居間の天井の扇風機は公衆浴場の脱衣所にあった中古

岩手山（写真後方）を望む約１ヘクタールの畑で有機野菜づくりに励む西国泰行さん。「リサイクルは自分のライフスタイル」と語る＝盛岡市下厨川

品という。種から油を取り、食用に使った後にディーゼル燃料にしようと、畑一面にヒマワリを植えたこともある。

「満足な希望や計画もない成り行きの経営だったが、事業が広がるうちに『中古愛』『リサイクル愛』というものが自分のライフスタイルになった」

「NPO法人いわて環境と循環プロジェクト」。中古品の交換市場や有機農業は、自身が代表理事を務めるNPOの活動になる。交換市場の収益で種や資材を買い、野菜は2年ほど前から盛岡市で開かれる子ども食堂にも寄付している。

「子ども食堂はスタッフの一員。調理師は自分一人だし、ギターで伴奏もする」。「MOROGY(モロジイ)」の名でアマチュアコンサートのステージに立つ。子どもたちから贈られた感謝の寄せ書きは宝物だ。

「交換会の競り人はできるうちは続けたい。あとはやりたいことをする」。家業と緩やかに関わりながら、身近なリサイクル生活をこれからも楽しむ。

【再販】家電、事務用品、厨房《ちゅうぼう》器具、雑貨などあらゆる中古品やアウトレットを買い取り、販売する総合リサイクルショップ。西国泰行社主が1976（昭和51）年に盛岡市開運橋通で開業。79年に同市紺屋町に移り、有限会社盛岡中古品センター設立。93年に社名を再販に変え、同市南仙北に出店。2004年には雫石町にも出店。現在は南仙北の本店と南仙北店、雫石町の盛岡西店の3店舗態勢。12年に西国社主の長男礼人《よしひと》さんが社長就任。資本金600万円。従業員26人（パート含む）。20年3月期の売上高は3億円（税込み）。

先生と知り合っていなければ、私の水産加工はなかった

小笠原ひとみさん／北三陸天然市場（久慈市）

久慈市長内町の海産物加工・販売の北三陸天然市場は、久慈産を中心に新鮮でおいしい三陸の幸を全国に発信している。社長の小笠原ひとみさん（56）は一事務員から新会社の代表に就任。商品づくりや販路開拓の難しさ、東日本大震災、〝男社会の壁〟など課題に直面しながら、多くの人の支えを糧に、地場産業の担い手として事業をけん引してきた。創業から約20年がたち、現在は多角化を図る企業グループの「統括役」としても手腕を発揮する。小笠原さんの奮闘と成長の歩みを見つめる。

【2019年12月2～6日掲載】

産学官連携の干物製造

「先生と知り合っていなければ、私の水産加工はなかった」

北三陸天然市場の社長小笠原ひとみさんは2006年、1人の研究者と出会った。先生とは、岩手大農学部教授（食品化学工学、当時は助教授）の三浦靖《まこと》さん（61）。久慈市と岩手大の連携事業で同年にスタートした「車座研究会」が2人の縁をつくった。研究会は岩手大の持つ高度な知見を久慈の産業振興に役立てる試みだった。

「市職員もいる中『それは食品加工とは言えない』と散々に否定された」

小笠原さんが三浦さんに自社の加工を説明すると、待っていたのが〝素人の烙印《らくいん》〟。「なんて人なの」。偽らざる第一印象だった。

一方で、微生物の働きや消毒の仕方など三浦さんの科学に基づく製造法は新鮮だった。付加価値の大切さを繰り返し説かれた。

東日本大震災を経て、2人の連携が大きな果実をもたらした。

小笠原さんは震災前から魚の干物を作っていた。伝統的な天日乾燥は臭いが気になり、店の冷房で乾燥させた。ただ魚が十分に乾かず日持ちが悪いなどの欠点があった。かねて三浦さんに製法を相談していた。

三浦さんは大手化学会社の元研究員。「大学は研究だけでなく、社会還元が必要」という信念があった。「干物はあまり金をかけず、質のいい物を作れる」。三浦さんの研究と発想がメーカーである小笠原さんのニーズと重なった。

14年6月、小笠原さんは三浦さんらと一緒に干物「潮騒《しおさい》の一夜干し」の発売を発表した。ホッケやサバ、サケなど原料は久慈の近海ものにこだわった。加工工程にハーブの抽出物を利用し、乾燥は低温除湿法を採用。食味や保存性に優れ、塩分も控えたニュータイプの干物は、県内の産学官連携が生んだ〝復興の味〟として発信された。

製法は三浦さんが復興資金を導入し、おおむね12年3月に完成させていた。商品化の遅れは、小笠原さんの資金不足が理由だった。乾燥装置を入れる補助金の獲得に失敗。

一度は諦めかけた。そんなとき、市の担当職員や経営者仲間が励まし、別の補助金申請などで応援してくれた。

「潮騒―」は現在、ギフトを中心に5種類で年間約4千万円を売り上げる。

「岩手の人は概して変えることを嫌うが、小笠原さんたちは知ったかぶりをせず一緒に前向きに取り組んでくれた」と三浦さん。外部の知識を積極的に取り入れる柔軟さと周囲の協力が、小笠原さんに待望の看板商品をもたらした。

小笠原さんはある時期、自社への評価を過信した。

サバの「潮騒の一夜干し」の製造風景。ハーブ抽出物を入れた溶液に浸した後、低温除湿乾燥機で4時間乾燥させる＝久慈市・北三陸天然市場

「無添加」の落とし穴

「うおんだなの本格珍味」。小笠原ひとみさんは会社立ち上げから5年ほどの2003年、初めての独自商品となる珍味を県の特産品コンクールに出品した。酒の肴《さかな》にもご飯のおかずにもなるウニ、ホヤ、アワビを使った多彩な味。結果は最上位の県知事賞だった。「無添加」の珍味という物珍しさが高評価につながった。

小笠原さんは「商品開発は地元の海産物を使った、うちの店でしか買えない商品をPRするためだった」と振り返る。

〝初出場初優勝〟のような展開に「褒められ、うぬぼれた」。女性経営者というニュース性も加わり、マスコミなどに注目された。

知事との懇談会に招かれ、訴えた。「賞をもらってもなかなか販売の催事に入れないし、商談会の案内も来ない。販路が悩みです」。今は身の程知らずだったと赤面するが、当時は素直な気持ちだった。

発言の反響は予想以上だった。にわかに催事や商談会の誘いが相次いだ。ギフト商品に採用され、自社のネット販売も伸びた。

それでも好評は長く続かなかった。久慈市と岩手大の車座研究会に参加し始めると、販促に慎重にならざるを得なかった。

品質が悪くなりやすい無添加食品の怖さを知った。珍味は冷凍流通で、解凍後は3日以内に食べてもらう想定だった。

「作ったらすぐに食べる家の料理と、一

「潮騒の一夜干し」を発表する小笠原ひとみ社長（右から２人目）、三浦靖教授（同３人目）ら関係者＝2014年６月、岩手大

定の保存性が求められる加工品の違いが理解できていなかった。お客さんが解凍後にどう保存するかも分からず、食品事故も心配になった」。結局、珍味は製造をやめた。

参加を望んだ催事も、新参者には冷たかった。東京や大阪など全国の百貨店で同業者らと軒を並べ、珍味やサケのつみれ、一夜干しのほか、現地で海鮮弁当も作って販売した。

「お客さんにはお目当ての店があり、うちは他の店の案内係のようだった」。商品力の乏しさ、経営体力の弱さを痛感した。

今も〝師匠〟と慕う山田町の木村商店の社長、木村トシさんに多くを教わった。「木村さんはどうしたら商品が一番おいしく見えるかをよく考えていた。味に関する指摘も適切で、別格だった。あと10年は続けないと、ああはなれないと感じた」。人のやりくりは難しく、赤字も抱えた。限界を悟り、2年ほどで催事から撤退した。

その後も東日本大震災、「あまちゃんブーム」など事業の環境は目まぐるしく変わった。「潮騒の一夜干し」は商品化できたが、現在の従業員は小笠原さんを含め7人のみ。

近隣の水産加工会社と比べ、零細経営に変わりはない。

水産業の現場は男性中心の風土が残る。魚市場との対応などでは、女性が関わる難しさを実感した。一方で、女性だからこそ注目されたという自覚もある。

小笠原さんは北三陸天然市場の特徴を、こう表す。

女性だけの魚屋さん――。

加工に携わるのは30〜50代の女性たちだ。主婦の目線に立ち、あえて家庭で味付けをアレンジしやすい商品を作ったり、近年は都内の個人宅に季節の魚介類を直送するなど小回りの利いたサービスの充実に努める。曲折を経て、冷静に自らの勝負の土俵を見極めている。

小笠原さんは元は飲食店の事務員。企業経営は考えてもみなかった。

事務員から〝昇格〟

小笠原ひとみさんは高校を卒業後、久慈市内の火薬販売会社に事務員として就職した。「営業は人見知りのあがり症だから無理。手先も不器用で製造業も向かない。安定した仕事に就ければいいかなと思っていた」。ごく〝普通〟の18歳だった。

その後、車の販売会社を経て1991年、27歳の時に母親の紹介から市内でレストラン「おおみ屋」を営む大宮（大宮清一社長）に転職。これが転機だった。

団体観光客の需要を見込み、前年に開店したレストラン。飲食業は初めてで事務員は一人。慌ただしい空気の職場で経理などの事務処理はもちろん団体客の受け付け、旅行会社への営業、厨房《ちゅうぼう》の手伝いなど自分で仕事を見つけて働いた。

おおみ屋は客足に波はあったが、国道45号沿いの立地と宮古市、八戸市との距離感が奏功した。追い風にも恵まれた。92年に三陸・海の博覧会があり、94年には市内に地下水族科学館もぐらんぴあが開館。観光客が目に見えて増えた。

久慈地域の業者から仕入れた土産品をレジ脇に置くと、よく売れた。社内に地域の物産品をインターネットで販売する新会社の設立構想が持ち上がった。

大宮清一さん（65）は、小笠原さんを社長に指名した。「数字に強く、誠実」。信頼が決め手だった。

小笠原さんに会社経営の願望はなかったが、秘めた思いがあった。20代前半から婦人科関係の病気に苦しみ、何度か手術した。大宮入社後の32歳の時、子宮を全摘出。葛藤の中で、結婚を諦めるようになった。

「仕事に生きなければと、あの

新鮮な魚介や工夫を凝らした加工品が並ぶ北三陸天然市場。現在は海産物に特化し、贈り物需要などが多いという＝久慈市長内町

ことで覚悟を決めたのだと思う」。心の支えになってくれたのが、今では親戚以上の付き合いという大宮さん夫妻だった。

新会社は98年暮れ、「夢現《むげん》トータルプランニング」として業務を開始した。「夢を現実にする」が社名になった。

ネット販売は伸び悩んだが、おおみ屋の来客は好調が続いた。土産品部門を強化するため2001年夏、レストランの隣に「夢現」の事業として物産施設「北三陸天然市場」を開店した。約2千万円を投じた。

当時の商品は全て仕入れ品だった。海産物のほか、銘菓類も琥珀《こはく》の工芸品も焼き物も扱っていた。

「従業員は自分を入れて2人だった。モノをそろえるのは大変だったが、自分の店という意識が生まれ、寝なくても少々は大丈夫だった」。〝一国一城のあるじ〟になり、ますます仕事に打ち込んだ。

販路を求めた盛岡市への出店は志半ばで撤退した。

アンテナショップの教訓

２００９年8月、盛岡市みたけの幹線道脇に、久慈市のアンテナショップがお目見えした。目玉は、朝に久慈港に水揚げされた海産物の直売。久慈市から運営を任されたのが北三陸天然市場だった。

「日中にお客さんが魚を選んで、夕方に刺し身や焼き魚にして渡すような売り方がしたかった」。小笠原ひとみさんは、対面で久慈の魚のおいしさを伝えたかった。

場所は当初盛岡駅前などを物色したが、家賃も高く郊外へ。みたけ地区の30平方メートル余の倉庫のような建物を借りた。

住宅街という立地に可能性を感じた。冷凍庫や空調設備に自前で約６００万円を投入。外観は産直らしさを強く出した。

現実は甘くなかった。これは食べられるの？—。「ショッコ」「ホウボウ」など久慈では一般的でも、内陸の消費者にはなじみのない魚も多かった。

チラシを大量に作り、小笠原さんもポスティングに歩いた。そのうち鮮度の良さや店頭での炭火焼きが、口コミで評判になった。

売り上げは多いときで月約200万円まで増え、店の採算ラインを超えるように。「従業員とお客さんが顔なじみの関係になり、本当にうれしかった」。定着に手応えを感じた。

しかし、好事魔多し。突然家主が変わり、家賃が跳ね上がった。「従業員は一生懸命だった。申し訳なかった」。継続を断念し、12年3月で営業を打ち切った。

盛岡市みたけに2009年8月に開店した久慈市のアンテナショップ「北三陸天然市場」。2年半余で閉店を余儀なくされた（北三陸天然市場提供）

実はこの前年に盛岡市の本宮地区に2店舗目のアンテナショップを開いていた。大型商業施設の目と鼻の先。「全く暇で、軌道に乗るまで待てなかった」。東日本大震災後の不漁による魚価の高騰も、品ぞろえに響いた。本宮地区の店舗は2年弱で閉店。盛岡市での自前の店舗営業から手を引いた。

「人が集まる所にスペースを借りて商品を出す方がリスクは少ない」。小笠原さんは盛岡への出退店から改めて教訓を強くした。

力を入れているのが委託販売。久慈の自店舗売り、中元・歳暮ギフトと並ぶ不可欠の販路で、取引の中心は盛岡市内の商業施設で県産品の産直を展開する「賢治の土」＝盛岡市大通3丁目＝だ。

小笠原さんにとって「賢治の土」の畠山武志社長（62）は「恩人」。珍味など独自商品の展開に悩んでいた十数年前から取引に応じ、その後も店舗を増やすたびに声を掛けてくれた。

畠山さんは小笠原さんについて「地元の海産物を発信することに情熱を持っている」と

共感。今後に向け「個食の増加など食べる場面をさらに考えた商品づくりを進めて欲しい」と期待を込める。

小笠原さんは東日本大震災を「創業以来の『第2の出発点』」と表現する。

周囲の協力があればこそ

北三陸天然市場は国道45号を挟んで久慈港、魚市場のすぐ近くにある。

2011年3月の大震災。店舗の津波被害は免れたが、停電のため生魚や冷凍商品は廃棄処分に。最も深刻だったのは、海側の貸倉庫の被害だった。加工用に保管していた1年分の海藻をはじめアワビやサケ、サバなどが流失。被害額は全体で500万~600万円に上った。

週末の販売用にと大量の魚を仕入れていたことが、ダメージを広げた。がれきに覆われた海岸部の景色に言葉を失った。

小笠原ひとみさんは「何も手に付かないのと、やらなきゃいけないという思いが半々だった」と当時の心境を語る。

幸いしたのは店に被害がなく、従業員も無事だったこと。いち早く落ち着いた盛岡市みたけの店舗などに商品を置くため、震災から1週間たたずに八戸市の魚市場に仕入れに走った。4月には加工作業を再開した。

程なく県外で開かれる復興応援のイベントに出

岩手国体柔道競技会場で全国の選手らに地元の海産物を振る舞う北三陸天然市場の従業員。震災後は県外の復興イベントにも出店した＝2016年10月、久慈市新中の橋

店の声が掛かるようになった。沿岸部の多数の同業者が被災したため、零細で知名度もなく、従来は見向きもしてくれなかった団体などから依頼が舞い込んだ。

「(震災を利用して) 売り上げるのに心が痛む部分はあったが、自分たちにも被害はあった。新たに500万円を借金し、従業員も抱えている。出られるなら出ようと決めた」

商品は被災地支援の空気で飛ぶように売れた。ただ原料高で利益は薄かった。

この魚、たくさん人が亡くなった海で取れたんですよね—。都会の人の何げない言葉にまだ若い従業員が落ち込み、泣いて電話をよこすこともあった。「かわいそうなことをした」。震災からの出来事を思い出すと涙がこみ上げる。

「何事もよく考えるようになった」。小笠原さんは震災の後、自分の変化に気づく。

盛岡市の水産卸売業者は「いつでも来て買っていけ」と仕入れを気に掛け、今も自社の催事に誘ってくれる。復興応援でつながった団体とはギフトや委託販売の取引が続く。水産物の価値を高めるトレーサビリティー(生産流通履歴)の実証試験に岩手大の教員を通じて参加。大手企業の日本IBMと協働する得がたい経験も積んだ。

「以前の自分は、力もないのに新聞などに出て浮かれていた。『潮騒の一夜干し』の販売を含め、周りの協力があるからやっていける。自分が頑張ることが恩返し。そう考える人間に震災はしてくれた」

小笠原さんは北三陸天然市場をはじめ五つの会社、NPO法人で構成する企業グループを束ねる。自身の性格が忙しさに拍車を掛ける。

地域に貢献できる店に

北三陸天然市場は、レストランや高齢者介護施設を運営する〝大宮グループ〟の一企業。社長の小笠原ひとみさんは全体で約80人が働くグループ各社の経理を担当し、事実上の統括役として事業全般に目を配る。

天然市場の経営はもちろん、レストランのメニューを考えたり、施設の職員採用の相談を受けたりと業務は多岐にわたる。

「何でも自分で見て、確認しないと気が済まない性格。仕事ばかりで、面白みもない。これでも従業員に仕事を振るようにはしているが…」

小笠原さんは苦笑いするが、課題も見えてきた。一人ができることには限界がある。年齢が上がるにつれ、催事への参加などで行動力の低下を感じるようになった。人材の育成は統括役の大事な役目と言える。

天然市場は2019年6月期の決算で、年間の売

小笠原ひとみさん（左）と大宮清一さんは海産物の販売を通じた地域貢献へ、変わらない思いを共有する＝久慈市長内町・北三陸天然市場

上高が過去最高の約1億2千万円を記録した。ただ、小笠原さんは「ここがマックスと思う」と今後に懐疑的。背景には漁獲の減少や交通事情の変化がある。

震災以降続く海産物の全般的な不漁は、原料の調達難と原価の高騰を招いている。販路を広げることにちゅうちょせざるを得ない状況が生まれ、業者間の販売競争も依然として激しい。

店舗の休みは年末年始の2日間のみ。従業員は集まりにくい。観光客で売り上げが急増したNHK連続テレビ小説「あまちゃん」のブームは去って久しい。復興道路の整備が進んで宮古や八戸との移動時間は短くなり、昼食場所としての久慈の優位性も失われつつある。

北三陸天然市場のこれからについて小笠原さんと、オーナーの大宮清一さんは「規模の拡大は考えていない」と口をそろえる。

そして「久慈の港に揚がった魚を優先して使い、干物を中心に一つ一つ丁寧に手作りした商品を多くの人に食べてもらう。そうすることで従業員を養っていければベスト」とも。

互いに望むのは、小さくても地域に貢献できる店づくりだ。

小笠原さんは壁にぶつかったり悩んだとき、思い返す言葉がある。子どもの頃、今は92歳の母あい子さんに幾度も聞かされた。

「人にできて、あなたにできないことはないから」

海の幸の魅力を発信し、古里久慈を盛り上げたい。目標を忘れず、誠実に真っすぐ歩み続ける。

【北三陸天然市場】1998年に久慈市の飲食業大宮のグループ会社「夢現《むげん》トータルプランニング」として設立。久慈広域の物産品のインターネット販売をメインにラーメン店運営やイベント企画も実施。2001年に同市長内町に物産施設「北三陸天然市場」を開店。04年、現在の社名に変更した。03年に海産物の珍味を開発し、県内の特産品コンクールで最優秀賞。14年に産学官連携で商品化した干物「潮騒の一夜干し」の製造、発売を始めた。資本金1千万円。従業員10人。19年6月期の売上高は1億2000万円。

著者略歴
四戸聡（しのへ・さとし）1969年生まれ、東北大卒。93年岩手日報社入社。販売局を経て編集局報道部、久慈、花巻両支局長。ソルトレーク五輪（2002年）、子どもをめぐるさまざまな問題を取り上げた大型連載「大人たちよ」（2008年）などを担当。2015年報道部専任部長。18年から報道部付編集委員兼論説委員会委員。遠野市出身。

あの日の決断　岩手の経営者たち ②

2020年7月1日　第1刷発行

発 行 者　東根千万億
発 行 所　株式会社岩手日報社
〒020-8622 岩手県盛岡市内丸3-7
電話 019−601−4646
（コンテンツ事業部　平日9～17時）
印刷・製本　株式会社杜陵印刷

ISBN 978-4-87201-426-6　C0034 ¥1000E